GLI SPILLI FISSANO LE IDEE

D1670993

Gli spilli fissano le idee. Con questo slogan Alpha Test mette a disposizione una collana di libri tascabili, utili per lo studio e il ripasso delle principali materie di studio della scuola superiore e dei primi anni di università. Con oltre 180 titoli pubblicati, la collana offre strumenti di preparazione sintetici dedicati sia alle discipline scientifiche (Matematica, Fisica, Biologia, Chimica, Geometria, Scienze della Terra ecc.) sia a quelle umanistiche (Filosofia, Francese, Inglese, Latino, Letteratura Italiana, Storia, Storia dell'Arte, Tedesco ecc). Accanto alle tradizionali **sintesi**, sono disponibili anche i **glossari** (Biologia, Chimica, Anatomia, Diritto, Economia e finanza ecc.), le **monografie** (Storia della civiltà romana, Storia della I guerra mondiale, Storia degli Stati Uniti d'America, I diritti umani, Alimentazione, Evoluzione ed evoluzionismo, Lo sviluppo sostenibile, ecc.) e una serie di **eserciziari** (Esercizi di chimica 1 e 2, Esercizi di Matematica 1, 2 e 3 ecc.).

Realizzata con la collaborazione di insegnanti e docenti universitari, la collana è frutto dell'esperienza più che decennale maturata nei settori dell'orientamento e della formazione da Alpha Test, da sempre attenta alle esigenze degli studenti e ai cambiamenti che interessano da vicino il mondo della scuola, dell'università e della formazione in genere.

GLI SPILLI

Oltre 160 tascabili a colori, per fissare le idee su materie di studio fondamentali ma anche su temi di attualità e cultura o lingue straniere. Una collana già scelta da oltre 800.000 lettori: studenti e non solo...

ORIENTAMENTO

Guide aggiornate per la scelta degli studi post-diploma e per l'inserimento nel mondo del lavoro.

STRUMENTI DIDATTICI

Guide per l'aggiornamento e l'attività didattica di insegnanti, orientatori e psicologi sui temi dell'orientamento e dei test a risposta multipla.

MATURITÀ

Volumi che raccolgono i temi d'esame della prova scritta dei licei scientifici, risolti e commentati.

TEST UNIVERSITARI

Manuali ed eserciziari specifici per la preparazione ai test di ammissione di tutte le facoltà universitarie.

ESERCIZIARI PER L'UNIVERSITÀ

Volumi per prepararsi agli esami universitari di matematica e fisica di tutte le facoltà tecniche-scientifiche.

PASSEPARTOUT

Volumi monodisciplinari utili per la preparazione ai test di concorsi pubblici, selezioni aziendali, concorsi dell'Unione Europea, concorsi militari, ammissione all'università e ai master.

TEST MILITARI

Manuali ed eserciziari dedicati a chi deve sostenere prove selettive nell'ambito militare.

TEST PROFESSIONALI

Oltre 40 manuali ed eserciziari per prepararsi alle prove di selezione previste per l'accesso e l'abilitazione a specifiche professioni (promotore finanziario, vigile urbano, fisioterapista, infermiere ecc.).

STUDI PROFESSIONALI

La prima collana pensata per i professionisti (avvocati, commercialisti, notai), dedicata alla comunicazione e al marketing, al management, alla gestione delle relazioni.

CONCORSI ED ESAMI

Volumi monodisciplinari con teoria ed esercizi per prepararsi alle prove scritte e orali dei concorsi pubblici e degli esami universitari.

LAVORO E CARRIERA

Guide pratiche e informative di supporto allo svolgimento delle diverse professioni.

I NUOVI CODICI

Codici innovativi per il contenuto e per il formato. Rappresentano un utile strumento per i professionisti del diritto, studenti e candidati a concorsi pubblici. Sempre aggiornati, si caratterizzano anche per la raccolta di indirizzi internet relativi a leggi e sentenze presenti sul web.

METEO

Collana curata dal colonnello Mario Giuliacci realizzata in collaborazione con professionisti del settore e composta da volumi di meteorologia, che coniugano l'approccio divulgativo con il rigore scientifico.

LE LINGUE AL VOLO

Piccoli volumi per risolvere al volo ogni dubbio sulla lingua quando ci si trova all'estero: dialoghi modello, frasario per le situazioni più comuni e per gli imprevisti, indicazioni per la pronuncia e agili glossari.

TEDESCO

edizioni

Alpha Test

Copyright © Alpha Test S.r.l. 2001-2014
Via Mercalli 14, 20122 Milano (Italy)
Tel. 02 5845 98 1 – fax 02 5845 9896
www.alphatest.it
servizi@alphatest.it

ISBN 978-88-483-1646-0

Seconda edizione: gennaio 2014
Prima edizione: febbraio 2001
Ristampa:
6 5 4 3 2   2016   2017   2018   2019   2020

Progetto grafico, composizione e impaginazione: Alpha Test S.r.l., Milano
Copertina di Andrea Morando e Katia Lerario

Stampato da Arti Grafiche Franco Battaia S.r.l., Zibido San Giacomo (MI)
per conto di Alpha Test S.r.l.
nel gennaio 2014

INDICE

INTRODUZIONE

Il tedesco è studiato in molte scuole: oltre che nei licei linguistici, il tedesco è una materia importante anche negli istituti professionali a indirizzo turistico e alberghiero, nonché negli istituti tecnici commerciali. Di fatto, si tratta di una lingua che ha acquisito sempre più rilevanza nel mondo del lavoro, grazie alla forte presenza dei Paesi germanofoni in Europa.

Questo volume si **rivolge quindi a**:

- **studenti delle scuole superiori** che necessitano di uno strumento valido sia per la preparazione dell'**Esame di Stato** sia per un ripasso delle conoscenze linguistiche finalizzato a un approdo preparato e competente nel **mondo del lavoro**;

- **professionisti** i cui impegni lavorativi richiedono una **acquisizione rapida e efficace** delle nozioni fondamentali del tedesco;

- **turisti** che vogliono guadagnare dimestichezza con l'**uso quotidiano** della lingua per viaggiare con maggiore disinvoltura nei paesi germanofoni.

Il volume è caratterizzato dalla gradualità e dalla crescente complessità dei contenuti proposti all'apprendimento. Ciascun capitolo contiene:

- un **brano di lettura**, affiancato da un **glossario** che riporta la **traduzione italiana** delle parole introdotte per la prima volta;

- **una sezione di grammatica**, con **tabelle** esplicative. La **spiegazione in lingua italiana** e gli **esempi in lingua tedesca** hanno l'obiettivo di facilitare, parallelamente alla comprensione delle regole grammaticali, la loro applicazione pratica;

- **esercizi** relativi alla grammatica trattata (esercizi di completamento, di abbinamento, di produzione libera ecc.).

In appendice al libro si trova una tabella dei **principali verbi irregolari** e **un elenco** dei siti fondamentali per lo studio e il ripasso del tedesco on line.

Per completare e approfondire la preparazione alla materia oggetto di questo libro, Alpha Test ha pubblicato, nella stessa collana, i volumi: *Tedesco in pratica 1*, *Tedesco in pratica 2* e *Tedesco in pratica 3*; *Tedesco in viaggio*, *Tedesco commerciale*, *I verbi tedeschi*, *Eserciziario dei verbi tedeschi*, *Conversiamo in tedesco*.

Paola Mirazita e **Monica Winters** sono già autrici di numerose pubblicazioni a scopo divulgativo e didattico rivolte a studenti universitari e di scuole superiori.

Le autrici desiderano esprimere un ringraziamento particolare a Paola Borgonovo, Anja Haupt e Sergio Winters per la revisione linguistica, l'accurata rilettura e i preziosi consigli.

Si ringrazia la dottoressa **Sabine Linden**, docente di lingua tedesca e già autrice di volumi per lo studio del tedesco, per l'attenta revisione del volume.

I titoli per lo studio delle lingue compresi nella collana Gli Spilli sono curati dalla dott.ssa **Francesca Desiderio**.

Saranno molto gradite e apprezzate le osservazioni dei lettori che possono essere inviate al seguente indirizzo:

I parere dei lettori è importante

Per migliorare la qualità delle proprie pubblicazioni, Alpha Test considera estremamente prezioso il parere dei propri lettori. Le chiediamo pertanto la cortesia di esprimere un giudizio su questo libro nell'apposita sezione "Valuta un libro" del sito www.alphatest.it. Per ogni valutazione ricevuta Alpha Test devolverà 2 euro a **Medici Senza Frontiere** o ad altra organizzazione non governativa con finalità umanitarie; in alternativa il lettore potrà scegliere di beneficiare di un **buono sconto** per l'acquisto di libri direttamente dal sito alphatest.it.

Alpha Test S.r.l.
via Mercalli, 14 – 20122 Milano
tel. 025845980 – fax 0258459896
e-mail: servizi@alphatest.it

Allo stesso indirizzo si può richiedere il catalogo completo e gratuito dei libri Alpha Test.

Le informazioni aggiornate sui libri editi da Alpha Test sono disponibili anche su Internet all'indirizzo http://**www.alphatest.it.**

Simboli utilizzati nel testo

 Esercizi

 Note linguistiche e grammaticali

---

1 VORSTELLUNGEN UND BEGRÜßUNGEN

1.1 La pronuncia

Una dele prime cose che si imparano del tedesco è la **pronuncia**. Infatti, non presenta difficoltà particolari, e si può da subito imparare a leggere e a riconoscere i suoni pronunciati.

Basta ricordare che le volcali e le consonanti hanno lo stesso suono che hanno in italiano, salvo poche eccezioni:

eu:	si legge come il suono italiano 'oi', *heute*;
äu:	anche questo dittongo si legge come il suono italiano 'oi', *Häuser*;
ß:	è una 's', pronunciata in modo aspro (come in italiano sasso), *Gruß*;
ie:	si legge come una i dal suono lungo (come in italiano libro), *Liebe*;
ei:	si legge come il suono italiano 'ai', *mein*;
j:	si legge 'i', *Jura*;
ä:	si legge come una 'e' molto aperta, *Blätter*;
ö:	si legge come una 'o' molto chiusa, *mögen*;
ü:	si legge come una 'u' molto chiusa, *müssen*;
v:	si legge come il suono italiano 'f', *viel*;
sch:	si legge come il suono italiano 'sc' seguito da vocali (es. sci), *schön*;
tsch:	si legge come il suono italiano 'c' seguito da vocale (es. ciao), *klatschen*;
ch:	si legge come una 'c' aspirata, *ich*.

1.2 Il genere, l'articolo determinativo e indeterminativo (Genus, bestimmter und unbestimmter Artikel)

Die Familie Rossi

Das ist **Familie** Rossi.

Das ist **Frau** Rossi. Sie ist **die Mutter**.

Frau Rossi ist **Lehrerin**.

Das ist **Herr** Rossi. Er ist **der Vater.**

Herr Rossi ist **Arzt**.

Das sind **Herr** und **Frau Rossi.**

Sie haben zwei **Kinder**.

Es sind **ein Sohn** und **eine Tochter**.

Das ist Marco Rossi. Er ist **der Sohn**.

Das ist Silvia Rossi. Sie ist **die Tochter**.

Das sind **Marco** und **Silvia** Rossi.

Marco ist **der Bruder** von Silvia.

Marco hat **eine Schwester**.

Die Schwester von Marco ist Silvia.

Sie haben zwei **Haustiere**.

Das ist **Robbi**. Er ist **der Hund**.

Das ist **Mietze**. Sie ist **die Katze**

die Vorstellung -en: presentazione
die Begrüßung -en: saluto
das ist : questo/a è; *das sind*: questi sono
die Familie -n: famiglia
die Frau -en: signora
die Mutter ¨-: madre
die Lehrerin -nen: maestra
der Herr -en: signore
der Vater ¨-: padre
der Arzt ¨-e: medico

von: di
zwei: due
das Kind -er: bambino (qui figlio)
der Sohn ¨-e: figlio
die Tochter ¨-er: figlia
der Bruder ¨- : fratello
die Schwester -n: sorella
das Haustier -e: animale domestico
der Hund -e: cane
die Katze -en: gatto.

	Singular			Plural
	Maskulin	**Feminin**	**Neutrum**	
Nominativ	der/ein	die/eine	das/ein	die/–

In tedesco esistono **tre generi** (cfr. tabella) a ciascuno dei quali corrisponde un articolo determinativo: **der**, **die**, **das** e uno indeterminativo: **ein**, **eine**, **ein**.

L'articolo determinativo al **plurale** è uguale per tutti tre i generi: **die**.

A parte qualche eccezione, non vi sono norme fisse per stabilire il genere dei sostantivi; è quindi buona regola studiarli sempre con i rispettivi articoli.

Si noti che molti sostantivi hanno un genere diverso da quello italiano:

il bambino: *das Kind*; la luna: *der Mond*; il latte: *die Milch*

la signorina: *das Fräulein*; l'esercizio: *die Übung*; il gatto: *die Katze*

Qui di seguito sono indicate alcune regole utili da ricordare:

Sono sempre di genere maschile

i <u>pochi</u> sostantivi che terminano in **-and**; **-ant**; **-ent**; **-ist**:	*der Doktorand* – il dottorando *der Lieferant* – il fornitore *der Student* – lo studente *der Journalist* – il giornalista
i pochi sostantivi la cui declinazione nei diversi casi termina in **-en**	*der Mensch, des Menschen,*[1] *dem Menschen, den Menschen*

1.Cfr. 2, 3, 5

Sono sempre di genere neutro

i nomi di metalli	*das Silber* – l'argento
	das Gold – l'oro
i nomi collettivi	*das Gebirge* – i monti
	das Geld – i soldi
i diminuitivi che si formano con il suffisso **-chen** e **-lein**	*das Mäd**chen*** – la fanciulla
	*das Bröt**chen*** – il panino
	*das Fräu**lein*** – la signorina
gli infiniti sostantivati	*das Arbeiten* – il lavorare
	das Lernen – lo studiare

Sono sempre di genere femminile

i sostantivi che terminano in **-heit**; **-schaft**; **-keit**; **-in**; **-ung** e che hanno almeno **due** sillabe	*die Frei**heit*** – la libertà
	*die Kund**schaft*** – la clientela
	*die Einsam**keit*** – la solitudine
	*die Üb**ung*** – l'esercizio
i numeri cardinali sostantivati	*die Eins* – l'uno; *die Zwei* – il due
	die Drei – il tre

Ordne die Wörter ein

	DER	DIE	DAS
Hund; Silber; Gesundheit	Hund	Gesundheit	Silber
Mannschaft; Brötchen;	...	Mannschaft	*BRÖTCHEN*
Landschaft; Vater; Buch	*VATER*	*LANDSCHAFT*	*BUCH*
Präsident; Mädchen; Brief;	*BRIEF*	...	...
Polizist; Doktorand; Fenster;	...	...	...
Publikum; Elefant; Übung;	...	...	...
Produzent; Rechnung; Zeitung;	...	...	...
Fräulein; Katze	...	*KATZE*	*FRÄULEIN*

Frau und Herr Rossi lernen Deutsch

Lehrerin:	Guten Tag. Herzlich Willkommen! Ich bin **die Lehrerin**. Ich heiße Uta.
Lehrer:	Ich bin **der Lehrer**. Mein Name ist Jan Maringer.
Frau Rossi:	Sehr erfreut! Ich bin **eine Schülerin**.
Herr Rossi:	Ich bin **ein Schüler**. Ich bin **Herr Rossi**. Wir kommen aus **Italien**.
Lehrerin:	**Die Schüler** sind jetzt alle da.

Lehrer:	Wir lesen **eine Geschichte** auf Deutsch. **Die Geschichte** von Aschenbrödel.
Lehrerin:	Das ist doch **ein Märchen**! Wir lesen **das Märchen** von Aschenbrödel.
Lehrer:	Du hast **Recht**! Wir wiederholen zusammen: "Aschenbrödel ist **ein Märchen, keine Geschichte**".

lernen: imparare	*der Schüler -*: studente
Herzlich Willkomen: benvenuto	*kommen aus*: provenire da
heißen: chiamare/chiamarsi	*aber*: ma, però
sehr erfreut: molto piacere	*auch*: anche
der Name -n: nome	*jetzt*: adesso
die Schülerin -nen: studentessa	

L'articolo assume forme diverse a seconda del **genere** (femminile, maschile, neutro), del **numero** (singolare, plurale) e del **caso** del sostantivo a cui si riferisce.

I casi in tedesco sono quattro: **nominativo, accusativo, dativo** e **genitivo**.

Il nominativo è il caso del **soggetto** e del **predicato nominale**. Il sostantivo al nominativo compie l'azione espressa dal verbo e risponde alla domanda *wer?* chi? oppure *was?* cosa?.

Das Mädchen heißt Silvia. Wer heißt Silvia? Das Mädchen.

Der Zug fährt langsam. Was fährt langsam? Der Zug.

Con i verbi *sein* (essere) e *werden* (diventare) è sempre richiesto l'uso del nominativo:

Das ist ein Buch. Questo è un libro.

Das wird eine schöne Party. Sarà una bella festa.

L'uso degli articoli determinativi e indeterminativi in tedesco è analogo a quello in italiano. **L'articolo viene omesso** generalmente davanti:

• ai titoli e ai nomi indicanti parentela;

Frau Rossi ist Lehrerin. La signora Rossi è un'insegnante.

Onkel Klaus wohnt in Mailand. Lo zio Klaus vive a Milano.

• alla forma plurale di sostantivi indicanti una categoria o una classe;

Katzen sind Tiere. I gatti sono animali.

Kinder spielen viel. I bambini giocano molto.

• a nomi geografici di città, regioni, stati e continenti;[1]

Italien ist ein Industrieland. L'Italia è un paese industrializzato.

Asien ist ein Kontinent. L'Asia è un continente.

• a nomi astratti;

Liebe macht blind. L'amore è cieco.

---

[1] Fanno eccezione alcuni nomi geografici, per lo più di genere femminile, che sono sempre preceduti dall'articolo; p.e. *die Niederlande, die USA, die Antarktis, die Schweiz, die Türkei, der Libanon, der Sudan, die Lombardei.*

- a nomi di materia, alimenti e liquidi in senso generico;

  *Ich esse lieber **Pasta** als **Pizza**.* Mangio più volentieri la pasta della pizza.

  ***Sekt** kostet immer mehr.* Lo spumante è sempre più costoso.

- agli aggettivi possessivi;

  ***Meine Katze** heißt Mietze.* Il mio gatto si chiama Mietze.

  ***Seine Wohnung** ist groß.* Il suo appartamento è grande.

- ai partitivi.

  *Frau Schmidt kauft **Brot**.* La signora Schmidt compra del pane.

  *Ich trinke gerne eine Tasse **Tee**.* Bevo volentieri una tazza di te.

☞ **Ergänze die Artikel**

1. ..... Marco kauft ..... Bücher und ..... Silvia kauft ..... Milch.
2. ..... Herr und ..... Frau Rossi haben die Kinder.
3. ..... Rom liegt in ..... Italien und ..... Italien liegt in ..... Europa.
4. Marco ist gerne ..... Pizza und trinkt dazu ein Glas ..... Saft.
5. ..... Katzen und ..... Hunde sind ..... Haustiere.
6. ..... Tante Uta wohnt in München und ..... Onkel Otto wohnt in Köln.
7. die Kinder lesen ..... Märchen und ..... Geschichten.
8. Familie Rossi hat ein Wohnung und eine Haus.

1.3 Il plurale (Der Plural)

Der Deutschunterricht

Lehrer: Guten Tag. Es gibt heute viele **Schüler** und **Schülerinnen**. Wir stellen uns vor und lernen die Pluralformen dazu! Bildet **Sätze** mit dem Plural.

Herr Rossi: Hallo. Ich heiße Giorgio. Ich habe zwei **Kinder** und zwei **Haustiere**.

Frau Peron: Ich heiße Maria. Ich habe vier **Kinder**: zwei **Söhne** und zwei **Töchter**. Ich habe auch zwei **Katzen** und zwei **Hunde**.

Frau Motti: Mein Name ist Rita. Ich bin Italienerin. Ich lerne hier zwei **Sprachen**: Deutsch und Englisch.

Herr Asnar: Ich bin Pablo. Ich lese zwei **Zeitungen**: eine auf Deutsch und eine auf Englisch.

der Unterricht: lezione	*bilden*: formare
es gibt : "ci sono"	*der Satz ¨-e*: frase
heute: oggi	*das Beispiel -e*: esempio
viel -e: molto, molti	*die Sprache -n*: lingua
sich vorstellen: presentarsi	*die Zeitung -en*: giornale
die Pluralform -en: forme plurali	*Englisch*: inglese
der Plural: plurale	*Klasse!*: bene!

I sostantivi in tedesco possono formare il plurale in diversi modi: qui di seguito si trovano le forme più ricorrenti con qualche esempio.

Singular	Plural		Beispiele
der Lehrer	die Lehrer	il sostantivo al plurale resta invariato	das Zimmer, der Koffer
der Freund	**die** Freund**e**	-e	der Tisch, das Heft
die Stadt	**die** Städt**e**	¨-e	der Stuhl, der Satz
das Bild	**die** Bild**er**	-er	das Kind, das Gesicht
das Land	**die** Länd**er**	¨-er	das Wort, das Buch
die Frage	**die** Frage**n**	-(e)n	die Klasse, der Herr
die Freundin	**die** Freundin**nen**	-nen	die Schülerin
das Auto	**die** Auto**s**	-s	das Taxi, das Photo
der Bus, der Kuss	**die** Bus**se**, **die** Küs**se**	-se/¨-se	die Nuss
die Mutter	**die** Mütter	¨	der Vater, der Garten

☞ **Ergänze die Singular- oder die Pluralform**

SINGULAR	PLURAL	SINGULAR	PLURAL
das Haus ------>	**die Häuser**	....	die Antworten
....	die Touristen	....	die Wörter
die Zeitung	....	**die Schule** ----->	**die Schulen**
die Stadt	....	....	....
....	die Bilder	der Unterricht	....
der Arzt	....	....	die Menschen
das Buch	....	der Arbeitsamt	....
....	die Mädchen	....	die Sätze
der Student	....	....	die Bäume
....	die Schaffner	das Auto	....

1.4 Avere ed essere (Haben und sein)

Marco, Silvia, Blanca, Juan und Jim lernen auch Deutsch

Lehrer: **Seid** ihr alle Italiener?

Silvia: Silvia und ich **sind** Italiener. Blanca und Juan **sind** Spanier. Jim **ist** Engländer.

Lehrer: **Sind** Blanca und Juan Geschwister?

Marco: Nein, Blanca und Juan **sind** Freunde.

Lehrer:	**Bist** du der Bruder von Blanca?
Marco:	Nein, ich **bin** nicht der Bruder von Blanca. Blanca **ist** Einzelkind. Juan **ist** auch Einzelkind. Jim **hat** eine Schwester.
Lehrer:	Wie alt **seid** ihr?
Juan:	Blanca und ich **sind** 24 Jahre alt. Silvia und Jim **sind** 25 Jahre alt. Marco **ist** 27 Jahre alt.
Mario:	**Habt** ihr einen Abiturabschluss?
Juan:	Ja, wir **haben** alle Abitur. Silvia, Jim und ich **haben** Abitur, Marco **hat** bereits ein Diplom.

der Spanier -: spagnolo
der Engländer -: inglese
die Geschwister: fratelli/sorelle
der Freund -e: amico
das Einzelkind -er: figlio unico

das Abitur: diploma di maturità
das Diplom -e: diploma di laurea
gut: bene
beginnen: iniziare

La seguente tabella presenta la coniugazione del presente indicativo dei verbi **haben** e **sein**. La coniugazione di 'avere' è regolare, mentre quella di 'essere' è **irregolare**; pertanto si suggerisce di memorizzarne le forme.

I verbi *haben* e *sein*					
ich ha**be**	du ha**st**	er ha**t**	wir ha**ben**	ihr ha**bt**	sie ha**ben**
ich **bin**	du **bist**	er **ist**	wir **sind**	ihr **seid**	sie **sind**

 Ergänze die Verbformen

1. Juan: Hallo, …… du Spanier?
Marco: Nein, ich …… Italiener.
2. Marco und Silvia: Hallo, wie alt …… ihr?
Jim und Blanca: Ich …… 25 Jahre alt und sie …… 24 Jahre alt.
3. Frau Motti: Guten Tag, ich …… Italienerin. Und ihr?
Frau Peron und Herr Rossi: Ich … Spanierin und er …… Italiener.
4. Herr Rossi: Ich …… Arzt. …… du auch Arzt?
Frau Peron: Nein, ich …… Lehrerin.
5. Lehrer: …… ihr alle Abitur?
Marco: Ich …… bereits ein Diplom. Sie …… Abitur.

1.5 Il presente dei verbi deboli (Präsens der schwachen Verben)
Brieffreundin

Köln, den 8. Mai 2013

Liebe Giorgia,
Ich **wohne** jetzt in Köln mit zwei Freunden. Sie **heißen** Blanca und Jim. Wir **wohnen** zusammen seit April. Wir **kochen** und **essen** immer zusammen. Jim **kocht** gerne und **isst** viel. Ich **koche** selten und **esse** viel. **Kochst** du gerne?

Ich **lerne** vormittags Deutsch. Blanca und Jim **lernen** Italienisch. **Lernst** du auch Deutsch?

Wir **studieren**. Ich **studiere** Philosophie. Jim **studiert** Medizin. Blanca **studiert** Biologie. **Studierst** du auch Biologie?

Ich **arbeite** nachmittags als Kellnerin. Blanca und Jim **arbeiten** auch. Sie **arbeitet** als Dolmetscherin und er **arbeitet** als Kellner. **Arbeitest** du auch? **Kommst** du auch bald nach Köln? Und Marco? **Kommt** ihr zusammen?

Bis bald, Silvia

die Brieffreundin -nen: amica di penna	*vormittags*: di mattina
wohnen: abitare	*nachmittags*: di pomeriggio
Köln: Colonia	*studieren*: studiare all'università
mit: con	*arbeiten*: lavorare
seit: da	*die Kellnerin -nen*: cameriere
kochen: cucinare	*als*: come
essen: mangiare	*die Dolmetscherin -nen*: traduttrice
gerne: volentieri	*der Kellner -*: cameriere
selten: raramente	*nach*: a, verso
	bis bald: a presto

lernen		arbeiten	
ich lern**e**	-e	ich arbeit**e**	-e
du lern**st**	-st	du arbeit**est**	-est
er/sie/es lern**t**	-t	er/sie/es arbeit**et**	-et
wir lern**en**	-en	wir arbeit**en**	-en
ihr lern**t**	-t	ihr arbeit**et**	-et
Sie/sie lern**en**	-en	Sie/sie arbeit**en**	-en

I verbi tedeschi si suddividono in **verbi deboli** e **verbi forti**. Tutte le forme verbali sono formate dal **tema** e da una **desinenza**. I verbi deboli sono detti anche verbi regolari perché il tema si mantiene uguale in tutti i tempi. L'infinito dei verbi, sia regolari sia irregolari, ha desinenza **-en** oppure **-n**:

*heiß -**en***: chiamare; *komm -**en***: venire; *wohn -**en***: abitare

*handel -**n***: agire; *änder -**n***: cambiare

Il presente dei verbi deboli si forma aggiungendo al tema le desinenze presentate in tabella. I verbi con tema in dentale **t**, **d** (*arbeiten*, *antworten*, *reden*) e quelli con il tema in **m** o **n**, preceduto da una consonante che non sia **r** o **l** (*öffnen*), si inserisce una **e fonetica** fra il tema e le desinenze -st e -t della II persona singolare e plurale e della III persona singolare:

*du arbeit**e**st*	*du öffn**e**st*	<u>aber</u> du ler**n**st
*ihr arbeit**e**t*	*ihr öffn**e**t*	<u>aber</u> ihr ler**n**t
*er, sie, es arbeit**e**t*	*er, sie, es öffn**e**t*	<u>aber</u> er, ler**n**t

La II persona singolare dei verbi il cui tema termina in sibilante s, ß, tz, x, z (*reis-en*, *heiß-en*, *sitz-en*, *tanz-en*) assume la desinenza **-t**, invece che -st:

er, sie, es reist   *er, sie, es heißt*   *er, sie, es sitzt*

Il soggetto va sempre espresso. Se lo stesso soggetto regge più verbi collegati da una congiunzione è sufficiente esprimerlo all'inizio:

abito: *ich wohne*

lavoro e studio: *ich arbeite **und** studiere*

Con i verbi impersonali si usa la III persona singolare preceduta dalla particella 'es':

piove: *es regnet*

nevica: *es schneit*

Universität

Hans:	Hallo, ich **bin** Hans. Wie **heißt** du?
Silvia:	Hallo! Mein Name **ist** Silvia. Das **sind** Ute und Jan.
Hans:	Silvia? **Bist** du Deutsche?[1]
Silvia:	Ich **bin** Italienerin, aber ich spreche auch Deutsch.
Hans:	**Kommst** du aus Mailand?
Silvia:	Nein, ich **komme** aus Turin. Und du? **Bist** du Deutscher?
Hans:	Ja, ich **komme** aus Köln. **Kommt** ihr auch aus Turin?
Ute:	Nein, wir **sind** Deutsche. Wir **kommen** aus Köln.
Hans:	Ah, ihr **kommt** auch aus Köln! **Sprecht** ihr Italienisch?
Ute:	Ja, wir **lernen** Italienisch und Französisch als Fremdsprache

die Universität -en: università
sprechen: parlare
kommen aus: venire da
Mailand: Milano

Turin: Torino
Italienisch: italiano
Französisch: francese
die Fremdsprache -n: lingua straniera.

☞ **Ergänze die folgenden Sätze**

Ich **kaufe** Brot und du **kaufst** auch Brot.

1. Silvia und Marco **sprechen** Italienisch und ich
2. Du **studierst** Philosophie und er
3. Giorgia **kommt** aus Turin und ich
4. Blanca und Juan **arbeiten** zusammen und wir
5. Ich **esse** viel Brot und du
6. Ihr **wohnt** in Mailand und sie
7. Wir **lernen** Deutsch und ihr

---

[1]   Ad eccezione di *die Deutsche*, i sostantivi femminili indicanti nazionalità terminano sempre con la desinenza *-in*; p.e. *die Spanierin*, *die Französin*, *die Polin*.

Ergänze die Verbformen

Herr Braun ...... (sein) Deutscher. Er ...... (kommen) aus Bonn. Dort ...... (haben) er eine große Wohnung. Er ...... (wohnen) allein. Frau Braun ...... (sein) in Italien. Sie ...... (arbeiten) als Dolmetscherin. Sie ...... (haben) immer viel Arbeit. Herr Braun und Frau Braun ...... (haben) drei Kinder, zwei Söhne und eine Tochter. Die Jungen ...... (studieren) in Berlin an der Universität und ...... (wohnen) zusammen. Das Mädchen ...... (gehen) noch zur Schule. Sie ...... (wohnen) in Italien mit Frau Braun. Sie ...... (lernen) Italienisch und ...... (haben) viele italienische Freunde. Die Jungen ...... (sprechen) kein Italienisch. Wenn sie die Mutter und die Schwester in Italien ...... (besuchen), verstehen sie kein Wort und ...... (stellen) viele Fragen.

---

das ist ...: questo/questa è. La forma neutra *das* del pronome dimostrativo si può riferire, oltre che al predicato neutro singolare, anche a predicati maschili e femminili sia al singolare sia al plurale.

das Haustier, die Fremdsprache, die Brieffreundin: l'animale domestico, la lingua straniera, l'amica di penna. In tedesco esistono moltissimi sostantivi composti, in cui il concetto distintivo è espresso dall'ultimo termine. Si noti che l'ultimo termine è anche quello che determina l'articolo del nome composto (cfr. 3.4).

auf Wiedersehen: arrivederci. Si possono usare anche le forme *auf Wiedersehen bis bald* 'arrivederci a presto' o *auf Wiedersehen bis auf morgen* 'arrivederci a domani'.

studieren/lernen: *studieren* deriva dal latino *studium* e significa principalmente 'studiare all'università', mentre *lernen* significa 'imparare, studiare'.

x Jahre alt sein: avere x anni. L'espressione tedesca per esprimere l'età di una persona letteralmente si tradurrebbe 'essere vecchi di x anni'.

---

2 FERIEN

2.1 La domanda e i pronomi interrogativi (Frage und Fragepronomen)

Mario und Sandra

Mario und Sandra wohnen in Florenz; Mario kommt aus Rom, aber er lebt jetzt in Florenz. Die beiden arbeiten für eine Zeitung.

Sie haben im Mai zwei Wochen Ferien. Sie überlegen: **wohin** fahren wir? **Wie lange** bleiben wir? **Wo** übernachten wir? **Wen** fragen wir? **Was** besichtigen wir?

Im Büro

Wo sind Mario und Sandra heute? Sie sitzen im Büro. Sie fahren im Mai nach Deutschland.

Wer organisiert die Reise? **Wen** fragen sie um Rat? **Was** machen sie dort? **Wann** fahren sie wieder zurück?

Mario fragt die Nachbarin Sonia: sie hat einen deutschen Freund und sie kennt das Land ziemlich gut. Sonia erzählt: Köln ist eine schöne Stadt. Ausländer besuchen dort oft einen Deutschkurs.

die Ferien: vacanze	*fragen*: chiedere
nehmen: prendere	*organisieren*: organizzare
aus Rom: di Roma	*wieder*: di nuovo
Mai: maggio	*zurückfahren*: tornare
die Woche -n: settimana	*der Rat (Pl. die Ratschläge)*: consiglio
überlegen: pensare	*die Nachbarin -nen*: vicina di casa
bleiben: restare	*kennen*: conoscere
schlafen: dormire	*das Land ¨-er*: Paese
besichtigen: visitare a scopo turistico	*erzählen*: raccontare
das Büro -s: ufficio	*der Ausländer -*: straniero
sitzen: stare seduti	*der Deutschkurs -e*: corso di tedesco
fahren: viaggiare, recarsi	

In tedesco esistono **due** tipi di interrogative dirette: le **domande semplici** (Satzfrage) e le **domande con aggettivo interrogativo** (W-Frage).

Per formare le domande semplici, il verbo coniugato va posto all'inizio della proposizione, seguito dal soggetto:

Hast du Geschwister? Hai dei fratelli?

Esst ihr nur Fleisch oder auch Fisch? Mangiate solo carne o anche pesce?

Gehen Sie ins Zentrum? Andate in centro?

Per formare le domande con pronome interrogativo si utilizza il pronome, seguito dal verbo coniugato e poi sempre dal soggetto:

Wo ist Isabell? Dov'è Isabell?

Warum sprichst du so gut Deutsch? Perché parli così bene tedesco?
Was macht Jenny heute Abend? Cosa fa Jenny stasera?

Alcuni pronomi e aggettivi interrogativi			
Wer?	chi	si riferisce ad una persona che svolge la funzione di **soggetto** della frase (nominativo)	**Wer** kommt heute? **Wer** hat ein Diplom?
Wen?	chi	si riferisce ad una persona che svolge la funzione di **complemento oggetto** della frase (accusativo)	**Wen** fragst du? **Wen** siehst du?
Was?	che cosa	si riferisce a una cosa che svolge la funzione di **oggetto** o di **soggetto** della frase (nominativo/accusativo)	**Was** machst du? **Was** siehst du dort? **Was** passiert heute? **Was** steht dort?
Wo?	dove	implica uno **stato in luogo**, senza movimento	**Wo** ist Helga? **Wo** schlafen sie?
Wohin?	(verso) dove	implica movimenti di **moto a luogo**	**Wohin** gehen wir? **Wohin** fährt das Auto?
Woher?	(da) dove	implica movimenti di **moto da luogo**	**Woher** kommt ihr? **Woher** weißt du das?
Wann?	quando	fa riferimento al tempo	**Wann** gehen wir? **Wann** lernst du Spanisch?
Wie?	come	fa riferimento al modo	**Wie** heißt du? **Wie** geht es dir?
Wie lange?	Per quanto tempo?	fa riferimento alla durata	**Wie** lange bleibst du? **Wie** lange dauert der Film?[1]

1. In italiano traduciamo: Per quanto tempo ti fermi? Quanto dura il film?

Ergänze die Fragen

…… gehst du? Ich gehe um ein Uhr.	…… fragst du? Den Vater.
…… gehst du? Ich gehe ins Kino.	…… arbeitet Mario? In Bonn.
…… heißt deine Schwester? Lisa.	…… siehst du dort? Ein Heft.
…… macht ihr? Wir hören Musik.	…… ist das Buch. Es ist dort.
…… läuft der Hund? Er läuft weg.	…… hast du Unterricht? Morgen.
…… ist Rom? Rom ist eine Stadt.	…… ist Herr Rot? Er ist ein Lehrer.

2.2 L'accusativo (Der Akkusativ)

Ein Spaziergang in Köln

Sandra geht in **den** Kölner Dom. Sandra findet **den** Dom sehr interessant, Mario macht lieber **einen** Spaziergang. Dann gehen sie zusammen **ins** Zentrum.

Sandra: Ich gehe in **die** Stadt. Kommst du mit?

Mario: Ich bin ziemlich müde; aber ich komme gerne. Ach! Ich finde **das** Geld nicht. Wo ist es?

Sandra: Es ist hier. Hast du **eine** Telefonkarte?

Mario: Aber natürlich!

Sandra: Ich sehe dort Paco und Jenny; sie besuchen auch **den** Deutschkurs. Hallo Paco, hallo Jenny! Mario und ich gehen zusammen **ins** Zentrum. Wir kaufen dort Geschenke für **die** Freunde in Florenz. Kommt ihr mit?

Paco: Gut! Wir kommen sehr gerne mit. Wir haben heute noch **kein** Programm.

Mario: Ich möchte **ein** Eis essen und sehe dort **eine** Eisdiele. Viele Kinder und Touristen essen schon Eis.

Jenny: Das ist **eine** gute Idee. Es ist so warm!

Die Freunde spazieren durch **die** Stadt und essen Eis. Heute abend gehen sie zusammen ins Restaurant und dann ins Kino. Sie finden **die** Ferien in Köln einfach toll!

der Spaziergang ¨-e: passeggiata	*finden*: trovare
passeggiata	*das Geld*: i soldi
der Dom -e: Duomo	*hier*: qui
lieber: più volentieri	*die Telefonkarte -n*: scheda telefonica
das Zentrum -en: centro	*natürlich*: naturalmente
schnell: veloce/velocemente	*kaufen*: comprare
in die Stadt gehen: andare in centro	*das Geschenk -e*: regalo
kommst du mit?: vieni anche tu?	*besuchen*: visitare
vieni anche tu?	*sehr gerne:* molto volentieri
ziemlich: piuttosto	*das Programm -e*: programma
müde: stanco	*das Eis -*: gelato

die Eisdiele -n: gelateria
warten: aspettare
die Idee -n: idea
essen: mangiare

spazieren: passeggiare
einfach: semplice
toll: fantastico

Per quanto riguarda gli articoli, le forme del nominativo rimangono invariate anche all'accusativo ad eccezione del **maschile singolare**, sia determinativo sia indeterminativo.

	Singular			Plural
	Maskulin	**Feminin**	**Neutrum**	
Nominativ	der/ein	die/eine	das/ein	die/-
Akkusativ	den/einen	die/eine	das/ein	die/-

L'accusativo viene **utilizzato** prevalentemente **in tre situazioni**.

- Per esprimere il **complemento oggetto** (*Akkusativobjekt*), che risponde alla domanda *wen* (per le persone) o *was* (per le cose);

  Ich esse das Brötchen. Mangio il panino.

  Wir verstehen den Satz nicht. Non capiamo la frase.

  Die Mutter ruft die Kinder. La mamma chiama i bambini.

- Per esprimere il complemento di **moto a luogo**, in risposta alla domanda *wohin* (per lo più retto da preposizione (*in*, *auf*, ecc.);

  Jenny geht in das Haus. Jenny entra in casa.

  Ich lege das Buch auf den Tisch. Metto il libro sul tavolo.

  Wir fahren in die Ferien. Partiamo per le vacanze.

- In dipendenza da **preposizioni** che richiedono *sempre* l'utilizzo dell'accusativo.[1] Si tratta di: ***durch*, *für*, *gegen*, *ohne*, *um*, *entlang***;

  durch: attraverso, per mezzo di;

  für: per;

  gegen: contro (sia in senso spaziale, sia temporale, sia astratto);

  ohne: senza, privo di;

  um: circa, intorno a (sia in senso spaziale sia temporale);

  entlang: lungo (un percorso).

Ecco alcuni esempi:

  Er geht durch die Tür. Egli passa attraverso la porta.

  Ich erfahre es durch die Tagesschau. Lo apprendo dal telegiornale.

  Der Hund läuft durch den Park. Il cane corre attraverso il parco.

---

[1] L'uso delle preposizioni in tedesco costituisce un argomento piuttosto complesso che verrà trattato anche in seguito; nel presente capitolo viene spiegato solo il significato delle preposizioni con l'accusativo.

*Das ist ein Geschenk **für den** Vater.* Questo è un regalo per il papà.

*Das Geschenk ist **für die** Kinder.* Il regalo è per i bambini.

*Das Auto fährt **gegen die** Wand.* L'auto va contro il muro.

*Ich bin **gegen das** Rauchen.* Sono contro il fumo.

*Ich komme **gegen Mittag**.* Arrivo verso mezzogiorno.

*Wir sind **gegen den** Krieg.* Siamo contro la guerra.

*Sie liest **ohne die** Brille.* Legge senza gli occhiali.

*Die Frau geht **um die** Ecke.* La signora gira l'angolo.

*Wir kommen **um ein** Uhr.* Arriviamo all'una.

*Die Kinder laufen **die Straße entlang**[1].* I bambini corrono lungo la strada.

- In dipendenza da verbi che **in tedesco reggono l'accusativo**, mentre **gli omologhi italiani** sono costruiti con il dativo (complemento di termine): *fragen*: chiedere, *lehren*: insegnare.

Wen frage ich? Ich frage den Lehrer. **A chi** chiedo? Chiedo **al maestro**.

Du kannst sie immer fragen. Puoi chiedere sempre **a lei**.

Er lehrt das Kind ein Gedicht. Egli insegna **al bambino** una poesia.

Wir lehren die Freunde Italienisch. Insegniamo **agli amici** l'italiano.

 Ergänze die Artikel

Complemento oggetto
Maria hat …… Heft.
Der Schüler lernt …… Sprache.
Das Kind sieht …… Vater.
Wir hören …… Musik.
Sie nehmen …… Taxi.
Er kauft …… Kuchen.

Moto a luogo
Herr Müller geht in …… Klasse.
Ich fahre auf …… Land.
Sandra geht in …… Stadt.
Das Kind läuft in …… Garten.
Petra legt das Heft und die Bücher auf …… Tisch.

Preposizioni
Ich gehe durch …… Stadt.
Der Vater ist gegen …… Rauchen (fumo).
Sie gehen um …… Haus, und dann …… Straße entlang.
Was kauft Helga für …… Freund?
Ich lerne kein Deutsch ohne …… Buch und …… Lehrer.
Ist Wein schädlich **für** …… Gesundheit?
Ihr sitzt **um** …… Tisch und redet.

---

[1] Si segnala che la preposizione *entlang* viene sempre collocata alla fine della proposizione: "*Er geht die Straße entlang*" (Egli cammina lungo la strada).

2.3 L'inversione nella costruzione della frase (Die Umstellung im Satzbau)

Einkäufe

Heute geht Mario mit Sandra in die Stadt. Was **suchen Mario und Sandra**?

"Wir suchen zwei Geschenke", **sagt Sandra** "Heute feiert Jenny Geburtstag".

Zuerst gehen Mario und Sandra in eine Buchhandlung. **Dort suchen sie** ein Buch über Deutschland. **Leider finden sie** das Buch nicht. **Dann gehen sie** in eine Parfümerie. **Hier kaufen sie** eine Flasche *Kölnisch Wasser* **für Jenny**.

"**Wie viel bezahle ich?**", fragt Sandra. "Es macht 3,90 E. **Haben Sie** Kleingeld?", **sagt der Verkäufer**. "Ja, **hier sind die** 3,90 E.", **antwortet Sandra**". Sandra und Mario bezahlen.

"Auf Wiedersehen", **sagen sie dann**. "Danke sehr und auf Wiedersehen", **antwortet der Verkäufer**. **Jetzt haben sie** endlich ein Geschenk.

der Einkauf ¨-e: acquisti	*die Parfümerie -s:* profumeria
suchen: cercare	*die Flasche -n:* bottiglia
feiern: festeggiare	*das Kölnisch Wasser:* Acqua di Colonia
der Geburtstag -e: compleanno	*wieviel:* quanto
die Buchhandlung -en: libreria	*der Verkäufer -:* commesso
zuerst: dapprima	*das Kleingeld (coll.):* moneta
finden: trovare	*antworten:* rispondere
dann: dopo	*endlich:* finalmente

Nella proposizione principale, il **verbo coniugato** occupa sempre il **II posto.**

*Mario **fährt** nach Köln.* Mario va a Colonia.

*Sandra **hat** Gäste für eine Woche.* Sandra ha ospiti per una settimana.

A differenza di quanto avviene in italiano, anche con l'aggiunta di complementi e avverbi di luogo o di tempo, nella **proposizione principale** il verbo coniugato rimane **sempre** alla **II posizione.**

*Morgen **fährt** Mario nach Köln.* Domani Mario va a Colonia.

*Für eine Woche **hat Sandra** Gäste.* Per una settimana Sandra ha ospiti.

L'inversione (*die Umstellung*) prevede lo spostamento del **soggetto** all'interno della proposizione; quando si applica l'inversione, il soggetto non occupa la prima posizione, ma la terza, seguendo il verbo coniugato.

Inversione			
Hans Heute	geht	heute **Hans**	in ein Geschäft.
Dort **Hans**	kauft	**Hans** dort	ein Geschenk.

Quando si usa l'inversione?

in proposizioni che iniziano con un complemento o un avverbio di **tempo** o di **luogo**	Heute **haben sie** Geburtstag. **Dort kauft Hans** ein Geschenk.
in proposizioni interrogative	**Haben Sie** Kleingeld? **Wieviel** bezahle ich?
in proposizioni incidentali	"Es sind 40, 20 DM", **sagt der Verkäufer.** "Auf Wiedersehen", **sagen sie.**

 Beantworte die Fragen

Was macht Sandra heute?
Heute geht Sandra mit Mario in die Stadt.
Sandra geht heute mit Mario in die Stadt.

1. Was feiert Jenny heute?
2. Wohin gehen Mario und Sandra zuerst?
3. Was suchen sie hier?
4. Wohin gehen sie dann?
5. Was kaufen sie in der Parfümerie?

 Beantworte die Fragen

Was fragt Sandra den Verkäufer? "Wie viel bezahle ich?" **fragt** Sandra den Verkäufer.

1. Was sagt der Verkäufer Sandra und Mario?
2. Was antwortet Sandra?
3. Was sagen Mario und Sandra dann?
4. Was antwortet der Verkäufer?

 Beantworte die Fragen

1. Wo wohnen Mario und Sandra?
2. Wo arbeiten sie?
3. Wohin wollen sie in Urlaub fahren?
4. Wen fragen sie um Rat?
5. Was besichtigen sie in Köln?
6. Wen lernen sie beim Deutschkurs kennen?
7. Was kaufen sie für die Freunde in Florenz?

! **der Freund/die Freundin: amico/a**. Si faccia attenzione, però, perché l'espressione **mein Freund/meine Freundin** significa 'il mio fidanzato/la mia fidanzata'. Per dire 'Ugo è mio amico' si usa quindi l'espressione *Ugo ist **ein Freund von mir**.* Ugualmente *der Freund von Petra* significa il fidanzato di Petra', mentre *ein Freund von Petra* 'un amico di Petra';

gerne/lieber: volentieri/più volentieri; hier/dort: qui/là;

einen Kurs besuchen: frequentare un corso. Lo stesso verbo può esprimere il concetto di 'far visita a qualcuno'; *die Oma besuchen*: far visita alla nonna. Invece 'visitare una città' si traduce *eine Stadt besichtigen*;

morgen: domani. Però am **Morgen** oppure **morgens**: alla mattina. Invece **heute morgen**: stamattina;

das Geld/die Leute: si tratta rispettivamente di un nome collettivo e di un difettivo del singolare; si noti che in italiano il numero è invertito: *die Leute* (plurale): la gente (singolare); *das Geld* (singolare): i soldi (plurale)

ins/ans: formula contratta delle preposizioni *in/an* con l'articolo *das*.

3,90 Euro: Si legge *3 90 Euro*.

3 ZU BESUCH

3.1 Il dativo (Der Dativ)

Ein Sohn kommt zu Besuch

Frau und Herr Rossi warten **zu Hause**. Marco kommt **zu Mittag**. Er kommt mit **dem Zug** aus **Rom** und fährt mit **der Straßenbahn vom Bahnhof** zu **den Eltern**. Marco schenkt **der Mutter** eine Flasche *Kölnisch Wasser* und **dem Vater** ein Buch. Die Eltern danken **dem Sohn** für die Geschenke. Frau Rossi freut sich und stellt **dem Jungen** viele Fragen. Marco antwortet **der Mutter** mit **Höflichkeit**.

Tante Anna kommt zu Besuch. Marco erzählt **der Tante** von **der Zugreise**, von **der Straßenbahn** und von **den Geschenken**. Er hat auch für die Tante ein Geschenk. Er schenkt **der Tante** eine Flasche Wein. Die Tante freut sich und dankt **dem Jungen** für das Geschenk.

Dann gehen sie alle **zu Tisch** und trinken **beim Essen** den Wein. Nach **dem Essen** fährt Marco mit **dem Zug** nach Turin. Dort besucht er eine Freundin.

der Besuch -e: visita
zu Besuch kommen: fare visita
zu Hause: a casa
zu Mittag: a pranzo
der Zug ¨-e: treno
die Straßenbahn -en: tram
der Bahnhof ¨-e: stazione
schenken: regalare
danken: ringraziare

sich freuen: gioire
Fragen stellen: porre domande
mit Höflichkeit : con gentilezza
die Tante -n: zia
die Zugreise -n: viaggio in treno
die Weinflasche -n: bottiglia di vino
zu Tisch: a tavola
trinken: bere
beim Essen: a pranzo

	Singular			**Plural**
	Maskulin	**Feminin**	**Neutrum**	
Nominativ	der/ein	die/eine	das/ein	die/-
Akkusativ	den/einen	die/eine	das/ein	die/-
Dativ	dem/einem	der/einer	dem/einem	den/- + -n

Il dativo **si usa** prevalentemente in **quattro** situazioni:

• per esprimere il **complemento di termine**, che risponde alla domanda *wem? a chi?* o *was? a che cosa?*

Das Auto gehört dem Chef. L'automobile appartiene al capo.
Herr Rossi hilft der Patientin. Il signor Rossi aiuta la paziente.
Der Vater antwortet dem Kind. Il padre risponde al bambino.

- per esprimere il complemento di **stato in luogo**, in risposta alla domanda *wo*, in dipendenza dalle preposizioni *in, vor, an, über*, ecc;

  *Die Freunde sitzen **in dem Café***. Gli amici siedono al bar.

  *Der Arzt steht **vor der Praxis***. Il medico è di fronte allo studio.

  *Marco steht **an der Bushaltestelle***. Marco è presso la fermata del bus.

  *Die Illustrierte liegt **auf dem Tisch***. La rivista è sul tavolo.

  *Die Decke hängt **über dem** Stuhl*. La coperta è appesa alla sedia.

- in dipendenza da **preposizioni** che richiedono *sempre* l'utilizzo del dativo;

  aus: da (origine, moto da luogo chiuso), di (complemento di materia);

  außer: tranne, oltre;

  bei: presso, accanto;

  mit: con, insieme a;

  nach: dopo, verso, secondo;

  seit: da (in senso temporale);

  von: di, da;

  zu: a, da;

  gegenüber: di fronte;

  wegen: a causa di (anche con il genitivo).

  Di seguito sono elencati alcuni esempi d'uso di queste preposizioni.

  Silvia geht **mit einer Freundin** essen. Silvia va a pranzo con un'amica.

  ***Nach dem Essen** geht Juan spazieren*. Dopo pranzo Juan va a passeggio.

  *Blanca kommt **vom Bahnhof** *. Blanca viene dalla stazione.

  *Du gehst **zum Friseur***. Tu vai dal parrucchiere.

  *Ich wohne **bei einem Bekannten***. Io abito da un conoscente.

  *Das Café steht **der Schule gegenüber***. Il bar è di fronte alla scuola.

  ***Seit zwei Jahren** wohnen sie in Rom*. Vivono a Roma da due anni.

  *Die Kette ist **aus Silber***. La collana è d'argento.

  ***Außer dem Kuchen** gibt es noch Eis*. Oltre alla torta c'è anche del gelato.

- nella costruzione con **verbi** che reggono sempre il dativo. Alcuni di questi in italiano sono transitivi e non sono seguiti dal complemento di termine;

  danken: ringraziare;

  helfen: aiutare;

  folgen: seguire;

  begegnen: incontrare;

  gratulieren: congratularsi;

  wünschen: desiderare;

vertrauen: fidarsi.

*Marco **dankt der Tante** für das Essen.* Marco ringrazia la zia per il pranzo.

*Anna **hilft dem Jungen** beim Lernen.* Anna aiuta il ragazzo a studiare.

*Das Kind **folgt dem Vater**.* Il bambino segue il papà.

*Sie **begegnet dem Lehrer** auf der Straße.* Incontra l'insegnante per strada.

A queste situazioni si aggiungono la domanda e la risposta:

*Wie geht es **dir/Ihnen**?* Come stai/sta?

*Wie geht es **deiner** Frau?* Come sta tua moglie?

*Wie geht es **deinem** Sohn?* Come sta tuo figlio?

***Mir** geht es gut, danke.* Sto/Va bene, grazie.

I sostantivi al **dativo plurale** hanno sempre la desinenza **-n**:

	Plural		
	Maskulin	**Feminin**	**Neutrum**
Nominativ	die Lehrer	die Uhren	die Geschenke
Akkusativ	die Lehrer	die Uhren	die Geschenke
Dativ	**den** Lehrer**n**	**den** Uhren	**den** Geschenke**n**

 Ergänze die Artikel (Segue)

Complemento di termine	Stato in luogo

Complemento di termine

Jan schreibt …… Oma eine Karte.

Silvia schenkt …… Vater ein Buch.

Du zeigst …… Freund die Bilder.

Sie geben …… Gast die Hand.

Ich antworte fleißig …… Lehrerin.

Stato in luogo

Der Brief liegt neben …… Lampe.

Studenten sitzten oft …… Café.

Du stehst an …… Fenster.

Das Bild hängt an …… Wand.

Ich wohne in …… Dorf in Italien.

Ergänze die Artikel (Segue)

Preposizioni e verbi

Die Studenten kommen aus …… Universität und begegnen …… Lehrer.

Ida wohnt bei …… Großeltern und hilft immer …… Oma beim Kochen.

Blanca dankt …… Freunden und …… Freundinnen für die Geschenke.

Ihr schreibt mit …… Füller, seit …… Grundschule.

Ergänze die Artikel

Es ist Sonntagabend. Herr Braun und Herr Rossi sitzen in …… Restaurant und essen. Da kommt …… Kellner und gibt …… Herren …… Speisekarte. Herr Braun ist sehr hungrig. Er macht …… Speisekarte gleich auf und sagt: "Ich habe heute …… großen Hunger. Ich nehme …… Portion Spaghetti und …… Schweinebraten mit Kartoffeln!". Der Kellner notiert alles und fragt …… Rossi: "Was nehmen Sie?". "Ich nehme auch …… Schweinebraten mit Kartoffeln und …… Salat dazu. Wir warten aber noch auf …… Freundin". Bald darauf kommt …… Freundin. Die Herren geben …… Freundin die Hand. Herr Braun ist sehr ungeduldig, er bietet …… Dame sofort …… Glas Rotwein an und fragt ……: "Was nimmst du?" …… Sie dankt …… Freund für die Höflichkeit und fragt …… Kellner: "Haben Sie heute Fisch? Ich esse sehr gerne Forelle!". "Ja, sicher". Herr Braun ruft …… Kellner noch schnell nach: "Bitte, beeilen Sie sich aber, ich habe Hunger!".

3.2 La negazione (Die Verneinung)

Der Krankenbesuch

Doktor Rossi besucht eine kleine Patientin.

Elisabeth:	Herr Doktor, es geht mir gar **nicht** gut. Nachts mache ich **kein** Auge zu und ich habe auch **keinen** Appetit. Ich schlafe **nicht** und ich esse **nicht**!
Doktor:	Mal sehen, hast du Halsschmerzen?
Elisabeth:	Nein, ich habe **keine** Halsschmerzen.
Doktor:	Hast du Magenschmerzen, Husten, oder Fieber?
Elisabeth:	**Keine** Spur. Ich habe **keine** Magenschmerzen, **keinen** Husten und **kein** Fieber. Trotzdem geht es mir schlecht!
Doktor:	Es ist **keine** Erkältung und **kein** Schnupfen. Du bist **nicht** krank. Bist du vielleicht verliebt?
Elisabeth:	Ach, Herr Doktor ja! Aber er ruft seit zwei Tagen **nicht** an!
Doktor:	Und warum rufst du ihn **nicht** an?

der Krankenbesuch -e: visita dei pazienti
klein: piccolo
die Patientin -nen: paziente
gar: (par. pleonastica)
nachts: di notte
kein Auge zu machen: non chiudere occhio
der Appetit: l'appetito

mal sehen: vediamo un pò
der Halsschmerzen -: mal di gola
der Husten: tosse
der Magenschmerzen -: mal di stomaco
das Fieber: febbre
die Spur -en: traccia
die Erkältung -en: raffreddatura
der Schnupfen -: raffreddore
anrufen: telefonare

In tedesco esistono due forme di negazione: **kein** e **nicht**.

Kein è un aggettivo ed è usato con quei sostantivi che in italiano:

- sono preceduti dall'articolo indeterminativo o da 'nessuno';

  *Juan hat **kein Haus**.* Juan non ha una casa.

  *Ina macht **keinen Spaziergang**.* Ina non fa nessuna passeggiata.

  *Sie erzählen dir **keine Geschichte**.* Non ti raccontano nessuna storia.

- non sono preceduti da articolo;

  *Ich habe **keine Lust** zu lernen.* Non ho voglia di studiare.

  *Heute Abend habt ihr **keinen Appetit**.* Stasera non avete appetito.

- sono preceduti dal partitivo;

  *Hat er **keine Feinde**?* Non ha dei nemici?

Kein si declina come l'articolo indeterminativo (si veda la tabella completa della declinazione dell'articolo al 5.1).

In tutti gli altri casi si usa la negazione ***nicht***, che è un avverbio.

  *Ich esse **nicht**.* Non mangio. *Es ist **nicht** der Arzt.* Non è il medico.

La posizione di ***nicht*** all'interno della proposizione è uno degli elementi meno intuitivi. È quindi necessario esercitarsi e osservare le seguenti indicazioni.

A differenza dell'italiano la negazione in tedesco **segue**:

- il verbo coniugato;

  *Der Freund **telefoniert nicht**.* L'amico non telefona.

  *Ich **lerne nicht** und er **arbeitet nicht**.* Io non studio e lui non lavora.

- il complemento o avverbio di tempo;

  *Der Laden öffnet **am Montag nicht**.* Di lunedì il negozio non apre.

  *Elisabeth schläft **nachts nicht**.* Di notte Elisabeth non dorme.

- il complemento oggetto.

  *Der Kollege schreibt **die Briefe nicht**.* Il collega non scrive le lettere.

  *Wir lesen **das Buch nicht**.* Noi non leggiamo il libro.

Se però si intende **negare o correggere un elemento specifico** della proposizione, allora *nicht* o *kein* lo precedono direttamente ed è completato da ***sondern*** (bensì):

  *Er kommt **nicht** heute, **sondern** morgen.* Non viene oggi, ma domani.

  *Die Wohnung hat **keinen** Balkon, **sondern** einen Garten.* La casa non ha balconi, ma un giardino.

 Kein oder nicht?

1. Zu Mittag essen wir *kein* Brot.
2. Ich finde die Wohnung *nicht*.
3. Er hat *kein* Zeit zum Spielen.
4. Ihr fahrt *nicht* oft nach München.
5. Heute lesen sie das Buch *nicht*.
6. Ich komme *nicht* um 5 Uhr zu dir.
7. Hier kaufst du *kein* Bücher.
8. Du schreibst den Brief *nicht*.
9. Ich esse *kein* Schweinefleisch.
10. Ich trinke den Kaffee *nicht*.

3.3 I pronomi 'es' e 'man' (Die Pronomen 'es' und 'man')

Die Einladung

Frau Rossi: Guten Tag Frau Blume, wie geht **es** Ihnen? Warum kommen Sie heute Abend nicht zu Besuch? Ich zeige Ihnen die neue Wohnung! **Es** ist eine schöne Wohnung.

Frau Blume: Danke, **es** ist nett von Ihnen. **Man** hat immer wenig Zeit für Einladungen. **Man** arbeitet den ganzen Tag und abends ist **man** müde.

Frau Rossi: **Es** ist nicht so tragisch! **Es gibt** immer Zeit für Einladungen. **Man** braucht nur die Lust dazu! **Es** freut mich, wenn Sie kommen.

Frau Blume: Ja, **es** stimmt. Dann komme ich um sieben. Soll ich etwas mitbringen?

Frau Rossi: **Es** ist nicht nötig, danke!

die Einladung -en: invito	*ganz*: tutto
Ihnen: Lei	*der Tag -e*: giorno
der Abend -e: sera	*abends*: di sera
neu: nuovo/a	*tragisch*: tragico
die Wohnung -en: appartamento	*brauchen*: avere bisogno
nett: gentile	*die Lust* : voglia
immer: sempre	*es stimmt*: è vero
wenig: poco	*etwas*: qualcosa
die Zeit -en: tempo	*nötig*: necessario

In tedesco esistono due pronomi utilizzati nelle proposizioni impersonali: *es* e **man**. *Man* corrisponde al soggetto indefinito '*si*' e si usa con il verbo alla terza persona singolare.

  Man soll nicht zu viel arbeiten. Non si deve lavorare troppo.

Es invece può assumere funzione di:

• pronome personale neutro, con valore di soggetto (nominativo);

  Es ist eine schöne Wohnung. È un bell'appartamento.

  Es ist eine gute Zeit für uns. È un buon periodo per noi.

• soggetto di *geben,* come verbo impersonale, corrispondente a 'c'è, ci sono';

  ***Es gibt** keine Zeit für Einladungen*. Non c'è tempo per fare inviti.

  ***Es gibt** viele neue Filme zu sehen*. Ci sono tanti nuovi film da vedere.

• soggetto di verbi impersonali;

  ***Es regnet** seit drei Tagen*. Piove da tre giorni.

- soggetto pleonastico.

Es sind viele Leute an der Kasse. Ci sono molte persone in biglietteria.

Es + sein/geben/gehen		
sein	es ist + Nominativ	**Es ist** Zeit, die Organisation zu ändern.
geben	es gibt + Akkustaiv	Zum Tee **gibt es Kuchen**.
gehen gefallen	es geht, es gefällt + Dativ	Hoffentlich **geht es ihnen** gut. **Gefällt dem Jungen** seine neue Schule?

 Man oder es?

1. Es. ist Mittag. Er hat Hunger.
2. Es. ist nur einmal jung.
3. Gefällt es. dir bei uns?
4. Heute gibt es. Salat mit Käse.
5. Dort lernt man gut Deutsch.
6. Man. freut uns, wenn du bleibst.
7. Es. ist Zeit zum Lernen!
8. In den Alpen schneit …… viel.
9. Man braucht eine Stunde bis Rom.
10. Man arbeitet oft zu viel.

3.4 Le parole composte (Zusammengesetzte Wörter)

Il significato principale dei sostantivi composti è dato dall'**ultimo** termine, che ne determina anche il genere. Può essere formato da un sostantivo unito a:

- un altro sostantivo;

  der Bahnhof (stazione): *die Bahn* (ferrovia) + *der Hof* (cortile)

  das Wochenende (fine settimana): *die Woche* (settimana) + *das Ende* (fine)

- un aggettivo;

  die Freizeit (tempo libero): *frei* (libero) + *die Zeit* (tempo)

  der Schnellzug (treno veloce): *schnell* (veloce) + *der Zug* (treno)

- un verbo;

  der Treffpunkt (appuntamento): *sich treffen* (incontrarsi) + *der Punkt* (punto)

  der Wohnzimmer (soggiorno): *wohnen* (abitare) + *das Zimmer* (camera)

- una preposizione.

  das Mitgefühl (compassione): *mit* (con) + *das Gefühl* (sentimento)

  der Abdruck (impronta, stampa): *ab* (da) + *der Druck* (pressione)

Possono essere composti anche da più di due elementi.

der Donaudampfschifffahrtsgesellschaftshaftenkommandant
il comandante portuario della società di piroscafi del Danubio

Was ist das?
Der Deutsch**kurs**: **ein Kurs** für deutsche Sprache

1. die Unterschrift	**6.** das Abiturzeugnis
2. die Luftpost	7. das Kleingeld
3. die Buchhandlung	8. der Domplatz
4. die Arbeitsssuche	9. die Landkarte
5. das Arbeitsamt	10. das Einzelkind

Ergänze
Blanca ist mit …… Freundin in Turin. …… ist ein sehr schöner Nachmittag. …… scheint die Sonne, …… Himmel ist klar und …… sieht in der Ferne die Berge. Die zwei Freundinnen spazieren durch …… Zentrum. Dort treffen sie …… Schulkameraden. "Hallo Mark", sagen sie zusammen. "Kommst du mit uns …… Kino?" "Danke, aber …… geht heute …… . Ich habe schon …… Verabredung. Und morgen Abend? Seid ihr frei?" "Morgen können wir leider …… . Wir haben …… freie Minute!" "Schade, dann gehen wir halt nächste Woche zusammen …… Kino. Ich muss jetzt gehen. … ist spät. Tschüss! Bis dann." "Tschüss."

> **der Abend**: sera, serata; **der Montagabend**: lunedì sera;
> **abends**: di sera; **montagabends** (avv.): di lunedì sera (ogni lunedì sera);
> **am Abend**: di sera; **am Montagabend**: (questo) lunedì sera;
> **gestern, heute, morgen Abend**: ieri sera, questa sera, domani sera;
> **einen guten Abend wünschen**: augurare buona serata;
> **zu Abend essen**: cenare, **das Abendessen**: la cena.

4 EINE REISE

4.1 I verbi forti (Starke Verben)

Touristen

Beamte:	Guten Tag.
Karen:	Guten Tag, wir möchten nach Mailand **fahren**.
Beamte:	**Fliegt** ihr?
Juan:	Nein, wir **nehmen** den Zug; wir möchten **lesen** und die Landschaft **anschauen**.
Karen:	Wann **fährt** der Zug?
Beamte:	In fünfzig Minuten. Wie lange **bleibt** ihr in Mailand?
Karen:	Wir **bleiben** vier Wochen … also einen Monat. Ein Freund **mietet** ein Zimmer für uns.
Juan:	Der Zug **fährt** bald **ab**, Karen. Entweder **laufen** wir schnell zum Bahnhof, oder wir **verpassen** ihn.
Karen:	Gut, du **rufst** Franca und ich **denke** an die Fahrkarten.
Juan:	Wie teuer sind die Fahrkarten? **Bezahlst** du auch für uns?
Karen:	Ja sicher!
Juan:	Gut, danke. Bis gleich!

der Tourist -en: turista
der Beamte -n: impiegato
möchten: desiderare
nehmen: prendere
fliegen: volare
die Landschaft -en: il paesaggio
anschauen: guardare, ammirare
bleiben: restare
mieten: affittare
der Monat -e: mese
das Zimmer -: la camera

abfahren: partire
entweder… oder.: o… oppure
verpassen: perdere il treno, mancare una scadenza
rufen: chiamare
denken an + Akk.: pensare a
die Fahrkarte -n: biglietto
*wie teuer ist … *: quanto costa
bezahlen: pagare
bis dann: a dopo.

I **verbi forti** sono quelli in cui, al passato, cambia il vocalismo del tema.

Alcuni esempi di verbi forti					
ich komme	du komm**st**	er kommt	wir komm**en**	ihr kommt	sie komm**en**
ich bleib**e**	du bleib**st**	er bleibt	wir bleib**en**	ihr bleibt	sie bleib**en**
ich fahre	du f**ä**hr**st**	er f**ä**hrt	wir fahr**en**	ihr fahrt	sie fahr**en**
ich esse	du **isst**	er **isst**	wir ess**en**	ihr esst	sie ess**en**
ich schlafe	du schl**ä**f**st**	er schl**ä**ft	wir schlaf**en**	ihr schlaft	sie schlaf**en**
ich sehe	du s**ie**h**st**	er sieht	wir seh**en**	ihr seht	sie seh**en**

Si notino in tabella alcuni verbi forti che presentano cambiamenti anche alla **II** e **III persona presente** (*fahren, essen, schlafen* e *sehen*).

Ergänze die Verbformen

1. Ich esse ein Brot. Was .isst. du?
2. Wir fahren nach Bonn. Wohin fährt er?
3. Maria bleibt hier. Wo .bleibt. Peter und Karl?
4. Wir kommen bald. Wann .kommt. Ihr?
5. Wir laufen ins Haus. Er .läuft. in den Park.
6. Claudia sitzt am Bahnhof. Sie wartet und .liest. (lesen) eine Zeitung. 7. Sie nimmt (nehmen) dann den Zug und .fährt. (fahren) nach Bonn.
8. Peter trifft. (treffen) Karsten. Karsten fliegt (fliegen) nach Paris und fährt. (fahren) jetzt zum Flughafen.

4.2 I verbi con prefisso (Verben mit Vorsilbe)

Am Bahnhof

Juan, Karen und Franca sitzen am Bahnhof. Sie **warten** auf den Zug nach Mailand. Viele Leute **gehen vorbei**. Juan **versteht** den Lautsprecher nicht. Also fragt er den Schaffner.

Juan: Entschuldigen Sie bitte, wann **kommt** der Zug **an**?

Schaffner: In drei Minuten… **passen** Sie auf den Lautsprecher **auf**. Der Zug fährt bis Mailand und **fährt** dann **weiter** in die Schweiz. **Steigen** sie richtig **aus**!

Juan: Wie heißt der Zug?

Schaffner: Der Zug heißt *Tiziano*.

Juan: Bitte, **wiederholen** Sie den Namen!

Schaffner: *Ti-zia-no*, wie der Maler.

Juan: Danke sehr. Wir **steigen** sofort in den Zug **ein**.

Juan **erklärt** Karen und Franca alles; sie **verlassen** den Bahnsteig und **steigen** in den Zug **ein**; die Reise nach Mailand **beginnt**.

---

sitzen: essere seduti
warten auf + Akk: aspettare
vorbeigehen: passare
verstehen: capire
der Schaffner -: controllore
entschuldigen Sie bitte: mi scusi, per favore!
ankommen: arrivare
aufpassen auf + Akk.: fare attenzione

der Lautsprecher -: altoparlante
weiterfahren: continuare il viaggio
aussteigen: scendere
der Maler -: pittore
einsteigen: salire
verlassen: lasciare
beginnen: iniziare
der Bahnsteig -e: binario

I verbi con prefisso (*Verben mit Vorsilbe*) possono essere sia separabili (*trennbar*), sia inseparabili (*untrennbar*).

I verbi separabili all'infinito hanno l'accento tonico (cioè l'accento relativo alla pronuncia) sulla vocale del prefisso.

abfahren (partire); *abwarten* (attendere, aspettare la fine di un processo);
ankommen (arrivare); *aufpassen* (fare attenzione); *aussteigen* (scendere
da un mezzo di trasporto); *einsteigen* (salire su un mezzo di trasporto);
weiterfahren (continuare il viaggio); *vorbeigehen* (passare); *weglaufen*
(scappare)

Essi si utilizzano coniugando il tema e collocando il prefisso in fondo alla proposizione. Per esempio:

*ab*fahren: Der Zug **fährt** heute um zwei Uhr **ab**.

*weiter*gehen: Juan und Franca **gehen** schnell **weiter**.

*aus*steigen: Blanca **steigt** in Mailand **aus**.

*weg*laufen: Der Hund **läuft** schnell **weg**.

I verbi inseparabili si distinguono da quelli separabili, perché l'accento tonico non cade sul prefisso, ma sul tema (nell'esempio l'accento cade sulla vocale evidenziata in grassetto).

*beg**i**nnen* (iniziare, cominciare); *bef**e**hlen* (ordinare, comandare); *erkl**ä**ren* (spiegare); *erw**a**chen* (svegliarsi, anche in senso figurato); *verl**a**ssen* (lasciare, abbandonare); *verst**e**hen* (capire); *wiederh**o**len* (ripetere); *verp**a**ssen* (perdere un treno, mancare un'occasione)

Si utilizzano coniugandoli come i verbi semplici; il prefisso non va *mai* separato dal tema del verbo. Per esempio:

beginnen: Der Film **beginnt** um acht.

wiederholen: Der Schüler **wiederholt** den Satz.

bezahlen: Karen **bezahlt** die Fahrkarten.

entdecken: Kolumbus **entdeckt** Amerika 1492.

 Bilde Sätze

Film, beginnen, acht. Der Film beginnt um acht.

1. Ich, Übung, wiederholen
2. Maria, Zug, einsteigen
3. Paco, Mannheim, abfahren
4. Satz, verstehen, Klaus, nicht
5. wir, Schule, vorbeigehen, an
6. aufwachen, Mutter, früh am Morgen
7. Lehrer, Mathematik, erklären
8. abwarten, Juan, Blanca, vor dem Tor
9. Peter, Freundin, gestern, verlassen

4.3 L'Imperativo (Der Imperativ)

Im Zug

Juan, Karen und Franca steigen in den Zug ein.

Franca: Karen schnell, **steig ein**! Sonst bleibst du hier.

Karen:	Ich komme; **wartet**!
Juan:	Guten Tag, sind die Plätze hier frei?
Reisende:	Ja, sie sind alle frei. **Setzen Sie sich** ruhig **hin**!
Juan:	Danke, gerne. Franca und Karen, **kommt**! Wir haben hier Plätze.
Reisende:	**Passen** Sie **auf**! Der Zug fährt schon. **Fallen** Sie nicht **hin**!
Karen:	Juan, **sei** lieb, **nimm** meinen Koffer; er ist zu schwer!
Juan:	Ja, sicher. **Gib** mir auch die Tasche von Franca.
Franca:	Danke, du bist sehr nett.
Karen:	Ich bin so müde.
Juan:	**Schlaf ruhig**! Wir kommen erst um 19 .00 Uhr in Mailand an.

schnell: veloce	*sei lieb*: sii gentile
warten: aspettare	*der Koffer -*: valigia
der Platz-"e: posto	*zu schwer*: troppo pesante
frei: libero	*sicher*: sicuramente/sicuro
alle: tutti	*gebt her!*: date qua!
sich hinsetzen: sedersi, accomodarsi	*so*: così
müde: stanco
aufpassen: fare attenzione	*ruhig*: tranquillamente/tranquillo
hinfallen: cadere	*erst*: solamente

Per formare **la seconda persona singolare** (*du*) dell'imperativo:

- si utilizza l'infinito del verbo togliendo la desinenza **-en**. Nel caso il tema del verbo finisca in **-d, -t, -ig** o **-n** (p.e. le**id**-en) dall'infinito viene tolta solo la -n;

  sagen: **sag!** *fragen*: **frag!** *bringen*: **bring!** *trinken*: **trink!** ma

  warten: **warte!** *leiden*: **leide!** *entschuldigen*: **entschuldige!** *öffnen*: **öffne!**

- nei verbi forti, quando all'indicativo **cambia una vocale** del tema nella coniugazione del presente, tale variazione viene mantenuta anche all'imperativo;

  helfen (du hilfst): **hilf!**; *geben (du gibst)*: **gib!**; *nehmen (du nimmst)*: **nimm!**

- si ricorda come anche all'imperativo in **verbi separabili con prefisso**, lo stesso viene posto alla fine della proposizione.

  weggehen: **Geh** schnell **weg!**

  weiterfahren: **Fahrt** bis Rom **weiter!**

  aufpassen: **Pass** auf meinen Koffer **auf!**

  einsteigen: **Steig** in den Zug **ein!**

Per quanto riguarda la **seconda persona plurale** (*ihr*) dell'imperativo:

- la forma è uguale a quella del presente indicativo, ma si omette il pronome personale.

ihr sagt: **sagt!** *ihr fragt:* **fragt!** *ihr wartet:* **wartet!** *ihr bringt:* **bringt!**
ihr trinkt: **trinkt!** *ihr helft:* **helft!** *ihr gebt:* **gebt!** *ihr nehmt:* **nehmt!**

Per **forma di cortesia** (*Sie*) dell'imperativo:

- la forma resta uguale all'indicativo, ma il pronome personale viene posto dopo il verbo.

Sie sagen: **Sagen Sie!** *Sie fragen:* **Fragen Sie!** *Sie warten:* **Warten Sie!**
Sie bringen: **Bringen Sie!** *Sie trinken:* **Trinken Sie!** *Sie helfen:* **Helfen Sie!**
Sie geben: **Geben Sie!** *Sie nehmen:* **Nehmen Sie!**

Imperativo del verbo *sein*		
(du) sei!	(ihr) seid!	seien Sie!

 Bilde Imperativsätze

den Lehrer fragen (du) – **Frag den Lehrer!**

den Zug nehmen (du)   *NIMM DEN ZUG!*

Bücher lesen (ihr)   *LEST BÜCHER!*

Franca rufen (du)   *RUF FRANCA!*

schnell wegfahren (Sie)   *FAHRT SCHNELL WEG!*

einen Moment warten (ihr)

gut aufpassen (ihr)

die Milch austrinken (du)

eine Zeitung kaufen (ihr)

in Florenz umsteigen (Sie)

mit mir ins Kino kommen (Sie)

nicht so früh aufstehen (du)

in den Bus einsteigen (ihr)

bis morgen bleiben (du)

bis morgen bleiben (Sie)

den Satz noch einmal wiederholen (Sie)

die Kinder in Ruhe lassen (du)

die Milch austrinken (du)

die Aufgabe nicht abschreiben (du)

4.4 Le preposizioni 'in, nach, bis, über, von, bis nach, bis in'

Unterwegs

Frau Rossi fährt **in die** Schweiz.

Marc fährt **nach** Portugal.

Herr Weiß steigt **in** den Zug ein; Frau Weiß geht **nach** Hause.

Ich bleibe den ganzen Sommer **in** Mailand.

In zehn Minuten kommt Franca wieder zurück.

Ich bleibe **bis** morgen. Juan fährt **bis** Rom. Der Zug fährt **von** Neapel **über** Florenz und dann **nach** Mailand.

Der Zug fährt **bis in** die Schweiz.

Der Bus fährt **bis nach** Wien.

Von Rom **nach** Florenz sind es 250 km.

Der Zug hält nicht **in** Köln, sondern **in** Bonn.

Wie lange dauert eine Reise **nach** Rom? Die Reise **von** Venedig **nach** Rom dauert fünf Stunden.

unterwegs : in viaggio; per strada	Il treno parte da Napoli, passa per Firenze e poi arriva a Milano.
La signora Rossi va in Svizzera.	Il treno viaggia fino in Svizzera.
Marc va in Portogallo.	L'autobus va fino a Vienna.
Il signor Weiß sale sul treno;	Da Roma a Firenze ci sono 250 km.
la signora Weiß va a casa.	Il treno non si ferma a Colonia, bensì a Bonn.
Resto tutta l'estate a Milano.	
Franca ritorna tra dieci minuti.	Quanto dura un viaggio per Roma?
Resto fino a domani.	Il viaggio da Roma a Venezia dura cinque ore.
Juan va fino a Roma.	

Nella tabella di seguito sono illustrate alcune delle preposizioni utilizzate per indicare la **provenienza** e la **direzione**. La spiegazione del significato delle preposizioni deve tenere conto anche delle numerose eccezioni, che vanno apprese separatamente. Si consiglia tuttavia di tenere conto dei numerosi significati aggiuntivi delle stesse preposizioni

Preposizioni indicanti direzione e provenienza					
in	**nach**	**bis**	**über**	**bis nach**	**von**
in/nel luogo	verso	fino	attraverso/passando per	fino a	da/proveniente da

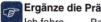
Ergänze die Präpositionen

Ich fahre …… Bonn. Sie fahren …… die Ferien.

Wie lange bleibst du …… Dresden? Ich bleibe …… Dienstag.

Juan fliegt mit dem Flugzeug …… Barcelona.

Von Deutschland …… Portugal ist es eine lange Reise.

Franca fliegt …… Spanien. Helmut fährt …… die Schweiz.

Helga wohnt …… Rostock. Paola und Monica wohnen …… Mailand.

Der Lehrer geht morgens …… die Schule. Er geht jetzt …… Hause.

Beantworte schriftlich die Fragen zu den Texten auf S. 45 und 47

Wohin möchten Juan, Karen und Franca fahren?

Wie lange bleiben sie in Mailand?

Wer findet ein Zimmer für die drei Freunde?

Wer denkt an die Fahrkarten?

Wer geht an Ihnen vorbei?

Wen fragt Juan? Was fragt er?

Bis wohin fährt der Zug?

Wo steigen die drei Freunde aus?

Wie heißt der Zug?

Steigen Franca, Karen und Juan sofort in den Zug ein?

Finden sie freie Plätze im Zug?

Ist der Koffer von Karen leicht?

Sitzen die drei Freunde allein im Zug?

Beantworte schriftlich die folgenden Fragen

Wohin fährt der Zug? (Italien) Nach Italien.

Wohin fährt Frau Rossi? (Schweiz)

Wohin fährt Marc? (Portugal)

Wohin geht Frau Weiß? (Haus)

Wo bleibst du den ganzen Sommer? (Mailand)

Wann kommt Franca zurück? (zehn Minuten)

Wie lange bleibst du? (morgen)

Wo fährt der Zug ab, wohin fährt er dann weiter?

Wo hält der Zug? (Bonn)

Wie lange dauert die Reise ...... Mailand ...... Venedig? (fünf Stunden)

Konversationsübung
Beantworte mündlich die Fragen zu den Texten

1. Warum bittet Juan den Schaffner um eine Auskunft?

2. Wohin fährt der Zug?

3. Finden die Freunde Platz im Zug?

4. Sitzen sie allein im Abteil[1]?

4. Trägt Karen den Koffer alleine?

5. Wann kommen sie in Mailand an?

6. Was macht Karen im Zug? Warum?

7. Warum möchte Juan die Tasche von Franca tragen?

1. *der Abteil -e*: scompartimento

! **denken an + Akk.**: pensare a qualcosa o qualcuno. *Ich denke an meinen Freund Peter/Ich denke schon an die Ferien*. Invece **nachdenken über + Akk.**: riflettere su qualcosa. *Ich denke lange über die Aufgabe nach.*

abwarten/warten auf + Akk.: aspettare, attendere. *Ich warte den Frühling ab*, ma *Ich warte auf den Frühling*.

absteigen: scendere da un mezzo di trasporto come la bicicletta, il cavallo, **aussteigen**: lasciare un mezzo di trasporto come il treno, la macchina; **einsteigen**: salire su un mezzo di trasporto; umsteigen: cambiare mezzo di trasporto.

aber: ma, tuttavia / **sondern**: ma, bensì.

passen: stare bene/andare bene. *Die Bücher passen gut in das Regal/Der Pullover paßt Juan nicht*. Invece **aufpassen**: fare attenzione. *Kinder, paßt gut auf!*

erwachen/aufwachen: svegliarsi. Erwachen è un verbo inseparabile, mentre **aufwachen** è separabile. *Ich wache am Morgen früh auf*, ma *Ich erwache früh am Morgen*.

bitten um + Akk.: chiedere qualcosa. *Er bittet den Mann um eine Auskunft* (Pass. **bat, gebeten**).

bieten/anbieten: offrire. *Das Theater bietet ein schönes Programm/ Ich biete ihm ein Stück Kuchen an* (Pass. **bot**, **geboten**).

beten: pregare. *Das Kind betet jeden morgen*. (Pass. **betete, gebetet**).

5 ALLTAG

5.1 Il genitivo (Der Genitiv)

Jenseits der Wolken

Trotz der vielen Arbeit nimmt sich Blanca heute einen freien Nachmittag. Der neue Fim **des italienischen Regisseurs** Antonioni ist erschienen. Antonioni hat den Film **innerhalb eines Jahres** mit Hilfe **des deutschen Regisseurs** Wim Wenders gedreht. Blanca ist sehr gespannt!

die Wolke -n: nuvola
der Nachmittag -e: pomeriggio
der Regisseur -e: regista
erscheinen: apparire, uscire
die Hilfe: aiuto
drehen: girare

Il genitivo **si usa** per lo più in **quattro** situazioni:

• per esprimere il **complemento di specificazione**, che risponde alla domanda *wessen*? **di chi? di che cosa?** ;

Das Heft des Schülers liegt auf dem Tisch.
Il quaderno dello studente è sul tavolo.

Die Farbe der Blume ist weiß.
Il colore del fiore è bianco.

Die Länge des Weges macht uns keine Sorgen.
La lunghezza del percorso non ci preoccupa.

• in dipendenza da specifiche **preposizioni** che richiedono *sempre* il genitivo:

innerhalb: all'interno, entro (temporale);

außerhalb: al di fuori;

diesseits: al di qua;

jenseits: al di là;

längs: lungo (raramente con il dativo);

oberhalb: al di sopra;

unterhalb: al di sotto;

statt: invece di;

trotz: malgrado, nonostante;

während: durante;

wegen: a causa di (nella lingua parlata, anche con il dativo).

Ecco alcuni esempi d'uso di queste preposizioni:

Unser Schäferhund bellt nur außerhalb des Hauses.

Il nostro cane pastore abbaia solo all'esterno della casa.

Innerhalb des Kindergartens fühlen sich Kinder sicher.

All'interno dell'asilo i bambini si sentono al sicuro.

Die Uni-Bibliothek liegt diesseits der Eisenbahn.

La biblioteca dell'università è al di qua della ferrovia.

Blanca wohnt in einem kleinen Haus jenseits des Flusses.

Blanca abita in una piccola casa al di là del fiume.

Sie spazieren zusammen längs des Flusses.

Passeggiano insieme lungo il fiume.

Statt des Lehrbuches liest der Junge einen Comic.

Invece del libro di scuola il ragazzo legge un fumetto.

Trotz der Hitze geht Hans laufen.

Nonostante l'afa Hans va a correre

Während der Sommerferien ruhe ich mich immer aus.

Durante le vacanze estive mi riposo sempre.

Wegen der Arbeit kommt er nicht mit ins Kino.

A causa del lavoro non viene con noi al cinema.

- in dipendenza da particolari **verbi** che reggono sempre il genitivo;

  bedürfen: avere bisogno di;

  sich erfreuen: rallegrarsi di;

  Er bedarf der Arbeitserlaubnis. Egli necessita del permesso di lavoro.

  Blanca erfreut sich bester Gesundheit. Blanca gode di ottima salute.

- in dipendenza da particolari **verbi** che reggono l'accusativo e il genitivo. Si tratta per lo più di verbi del linguaggio legale;

  anklagen: accusare **verdächtigen**: sospettare **bezichtigen**: incolpare

  Er bezichtigt sie eines Mords. Egli li accusa d'omicidio.

  Er verdächtigt sie des Diebstahls. Li sospetta di furto.

  Er klagt sie der Korruption an. Li accusa di corruzione.

Al **genitivo** i nomi maschili e neutri assumono la desinenza **-s** o **-es** (per monosillabi o nomi che terminano in -s, -ß, -z, -tz, x).

des Volks; der Mutter; der Kinder; des Flusses; des Arztes; des Königs

	Singular			Plural
	Maskulin	**Feminin**	**Neutrum**	
Nominativ	der/ein	die/eine	das/ein	die/-
Akkusativ	den/einen	die/eine	das/ein	die/-
Dativ	dem/einem	der/einer	dem/einem	den/-
Genitiv	**des/eines**	**der/einer**	**des/eines**	**der/-**

Ergänze die Artikel

Complemento di specificazione	Preposizioni
Das Auto ...... Oma ist nagelneu.	...... Films ist er eingeschlafen.
Die Tasche ...... Vaters ist braun.	... ... Tees trinke ich ein Kaffee.
Der Sänger ...... Gruppe ist Jim.	... ... Kälte gehe ich aus.
Das Klima ...... Alpen ist mild.	Ich wohne ... ... Dorfes.

Verbi

Der Mann bezichtigt sie ...... Abschreibens während ...... Klausur.

Ausländer bedürfen oft ...... Aufenthaltsgenehmigung.

Sie erfreuen sich sehr ...... Vertrauens der Kunden.

5.2 Wissen e werden

Ein Überraschungsfest

Blanca: Juan hat nächste Woche Geburtstag. Er **wird** 25 Jahre alt.

Silvia: Welch ein Zufall! Ich habe nächste Woche auch Geburtstag. Aber ich **werde** nicht 25, sondern 26 Jahre alt.

Blanca: **Weißt du** was? Wir organisieren ein Überraschungsfest. Juan liebt Partys.

Silvia: **Ich weiß** es nicht. Ich **kenne** seinen Geschmack nicht. **Weißt du** das genaue Datum?

Blanca: Es ist der 3. März. Wen laden wir ein?

Silvia: Wir laden einfach alle ein.

Blanca: Leider ist Marco krank. Hoffentlich **wird** er bis dahin wieder gesund.

Silvia: Ja, hoffentlich **wird** auch das Wetter wieder schön. Es regnet jetzt schon seit zwei Tagen. **Weißt du** was die Wettervorhersage für nächste Woche ansagt? Was sagt das Radio dazu?

Blanca: Keine Angst, das Wetter wird noch schön. Es **wird** bestimmt ganz nett!

---

nächst: prossimo
welch: contrazione di *welches*
der Zufall ¨ -e: caso, casualità
das Überraschungsfest -e: festa a sorpresa
die Party -s: festa
kennen: conoscere
der Geschmack -e: gusto
genau: preciso
das Datum -a: data
einladen: invitare
leider: purtroppo

krank: malato
hoffentlich: speriamo
bis dahin: fino a quel momento
gesund: sano
gesund werden: guarire
das Wetter: tempo
die Wettervorhersage -n: previsioni del tempo
ansagen: preannunciare
die Angst ¨ -e: paura
bestimmt: certamente

Il verbo **werden**, che significa 'diventare' è molto importante perché viene utilizzato anche per formare il passivo (cfr. 11.1) e il futuro (cfr. 12.1).

Il verbo **wissen** significa 'sapere', ma non esaurisce tutti i significati del verbo italiano, resi anche con:

* *können*: sapere (nel senso di 'sapere');
  *Ich **kann** sehr gut Englisch sprechen.* So parlare molto bene l'inglese.
  *Er **kann** nicht Auto fahren.* Egli non sa guidare la macchina.
* *erfahren*: sapere (nel senso di 'venire a conoscenza');
  *Ich **habe erfahren**, dass du in Rom bist.* Ho saputo che sei a Roma.
  *Ihr **habt** es aus dem Radio **erfahren**.* Lo avete saputo dalla radio.
* *schmecken*: sapere (nel senso di 'avere il gusto di').
  *Das Eis **schmeckt** nach nichts.* Il gelato non sa di niente.
  *Der Wein **schmeckt** nach Kork.* Il vino sa di tappo.

La coniugazione irregolare dei verbi *werden* e *wissen*		
ich	werde	weiß
du	wirst	weißt
er, sie, es	wird	weiß
wir	werden	wissen
ihr	werdet	wisst
sie	werden	wissen

 Wissen, können, erfahren oder schmecken nach?

1. Meine Oma …… sehr gut Auto fahren.
2. Die deutschen Weihnachtskekse …… nach Zimt und Kardamon.
3. Ihr …… ganz genau wie hoch der Eiffelturm ist.
4. Der Lehrer ……, der Schüler ist krank.
5. Ich …… wie man Eidechse auf Italienisch sagt.
6. Du …… sehr gut Italienisch sprechen.

 Ergänze die Verbformen

1. …… ihr wo ich wohne? Ja, wir …… es.
2. Wann …… du zwanzig Jahre alt? Ich …… zwanzig am achten April.
3. …… deine Tochter bald Arzt? Nein, sie …… erst im September Arzt.
4. …… sie wann der Zug ankommt? Ja, sie …… es.
5. …… ich bald wieder gesund? Ja, du …… sicher bald gesund.

5.3 I numeri cardinali (Die Grundzahlen)

Beim Metzger

Der Metzger: GutenTag. Was wünschen Sie?

Frau Rossi: Ich brauche ungefähr **hundert** Gramm Speck. Wieviel kostet es?

Der Metzger: Es kostet **fünfzehn** Euro das Kilo.

Frau Rossi: Es ist zu teuer. Geben Sie mir lieber Schinken. Dazu bitte auch **ein** Pfund Butter. Geben Sie mir bitte auch **zweihundert** Gramm Gorgonzola.

Der Metzger: Sonst noch etwas?

Frau Rossi: Ja, **ein** Liter Milch und **dreihundert** Gramm Quark. Das ist alles.

Der Metzger: Das macht **zweiundzwanzig** Euro insgesamt. Haben Sie **einen Fünfzig**euroschein?

Frau Rossi: Mal sehen. Ich habe nur **fünf Zehn**euroscheine und **einen Hunderteuro**schein. Kleingeld habe ich auch: **ein Zwanzig**centstück, **einen** Euro und **zwei** Euro.

Der Metzger: Geben Sie mir die **fünf Zehn**euroscheine. Hier ist der Restbetrag. Sie bekommen **acht** Euro **zwanzig** zurück.

der Metzger -: macellaio
wünschen : desiderare
ungefähr: circa
das Gramm: grammo
kosten: costare
teuer: costoso
lieber: più volentieri
der Schinken -: prosciutto
dazu: oltre a ciò
das Pfund: mezzo chilo
die Butter -: burro

sonst noch: oltre a ciò
der Liter -: litro
der Quark: formaggio fresco tipico tedesco
das ist alles: è tutto
insgesamt: in tutto
der Geldschein -e: banconota
ein paar: un paio
der Pfennig -e: centesimo
das Stück -e: moneta
der Restbetrag -e: resto
zurückbekommen: ricevere

I numeri cardinali			
0 null	10 zehn	20 zwan**zig**	30 drei**ß**ig
1 ein**s**	11 elf	21 **ein**undzwanzig	40 vierzig
2 zwei	12 zwölf	22 zweiundzwanzig	50 fünfzig
3 drei	13 dreizehn	23 dreiundzwanzig	60 **sech**zig
4 vier	14 vierzehn	24 vierundzwanzig	70 **sieb**zig
5 fünf	15 fünfzehn	25 fünfundzwanzig	80 achtzig

I numeri cardinali

6 sech**s**	16 **sech**zehn	26 sechsundzwanzig	90 neunzig
7 sieb**en**	17 **sieb**zehn	27 sieb**en**undzwanzig	100 hundert
8 acht	18 achtzehn	28 achtundzwanzig	1000 tausend
9 neun	19 neunzehn	29 neunundzwanzig	100000 einhunderttausend

I numeri cardinali dal 21 al 99, contrariamente all'italiano, si formano **anteponendo** la forma **invariata** dell'unità alla decina.[1]

drei und zwanzig: **drei**undzwanzig (venti**tre**)
zwei und dreißig: **zwei**unddreißig (trenta**due**)

I numerali che costituiscono complementi di misura (retti da aggettivi come *lang*, *groß*, *hoch* ecc.) sono sempre all'**accusativo**. A differenza dell'italiano, l'aggettivo segue sempre il complemento.

*Diese Straße ist zwei Kilometer **lang**.* Questa strada è lunga due chilometri.
*Mein Sohn ist fast einen Meter **groß**.* Mio figlio è alto un metro.

I complementi di misura

der Millimeter (mm)	millimetro
der Zentimeter (cm)	centimetro
der Meter (m)	metro
der Kilometer (km)	chilometro
der Liter (l)	litro
ein viertel Liter/ein Viertelliter	quarto di litro
das Gramm (g)	grammo
das Pfund	mezzo chilo (libbra)
der Zentner	un quintale
die Tonne	la tonnellata

---

[1] Nella tabella sono indicate in grassetto le eccezioni.

Ergänze und lese laut vor

Wieviel kostet ein Pfund Butter? (2 Euro) Es kostet **zwei Euro**.

1. Wie viele Kinder hat Herr Rossi? (2)
2. Wie viele Stunden arbeitet Jan am Tag? (8)
3. Welche Straßenbahn fährt zum Bahnhof? (49)
4. Wie weit liegt Mailand von Brescia entfernt? (80 Km)
5. Welche Note hast du in der Englischklausur bekommen? (3)
6. Wieviel ist fünf weniger drei? (2)
7. Wieviel bekommt Frau Braun zurück? (20,6 Euro)
8. Wieviel zahlt Ina für die Milch? (1,30 Euro)
9. Wieviel kosten zweihundert Gramm Schinken? (1,20 Euro)
10. Wie alt ist die Lehrerin? (33)
11. Wie groß ist der neue Basketballspieler? (2,12 m)

5.4 Numeri ordinali (Die Ordnungszahlen)

Auf dem Postamt

Blanca: Ich möchte ein Telegramm schicken.

Beamter: Hier bitte. Füllen Sie das Formular aus.

Blanca: Die Adresse vom Empfänger ist Bachstraße 7, Köln und der Absender bin ich: Blanca Asnar. Brauchen Sie die Telefonnummer?

Beamter: Nein danke. Aber das Datum und die Unterschrift fehlen noch.

Blanca: Den wievielten haben wir heute?

Beamter: Heute ist der **siebte** April. Ist es eilig? Wann soll es ankommen?

Blanca: Spätestens in zwei Tagen, am **neunten** April[1]. Das Telegramm ist für ein neugeborenes Baby. Das Kind ist am **dritten** April geboren. Wie lange braucht es also?

Beamter: Keine Angst, in eineinhalb Tagen ist es dort!

schicken: spedire	*eilig*: urgente
ausfüllen: riempire	*ankommen*: arrivare
das Formular -e: formulario	*spätestens*: al più tardi
der Empfänger -: ricevente	*neugeboren*: neonato
der Absender -: mittente	*ist geboren*: è nato
die Unterschrift -en: firma	*eineinhalb*: uno e mezzo
wievielte: quanto	

---

[1] Le desinenze dei numeri ordinali seguono la declinazione degli aggettivi; si veda il 14.

I numeri ordinali dal 2 al 19 si formano aggiungendo **-te** al numero cardinale, tutti gli altri aggiungendo invece **-ste**. I numeri ordinali si scrivono maiuscoli solo se sostantivati oppure se sono parte integrante di un nome o di un titolo.

I numeri cardinali
der, die, das

1.	**erste**	11.	**elf**te	10.	zehnte
2.	zweite	12.	**zwölf**te	20.	zwanzigste
3.	**dritte**	13.	**drei**zehnte	30.	dreißigste
4.	vierte	14.	vierzehnte	40.	vierzigste
5.	fünfte	15.	fünfzehnte	50.	fünfzigste
6.	sechste	16.	sechzehnte	60.	sechzigste
7.	**siebte** (siebente)	17.	**sieb**zehnte	70.	**sieb**zigste
8.	**achte**	18.	**acht**zehnte	80.	**acht**zigste
9.	neunte	19.	neunzehnte	90.	neunzigste

 Ergänze

1. Ich bin am ......-en September (10) geboren.
2. Sie feiert den ......-en Geburtstag (80).
3. Wir haben heute den ...-en Januar (4).
4. Karl (I) der ...... war ein Kaiser.
5. Du machst heute deine ...... Sprachprüfung (3).
6. Heute haben wir den ......-en April (7).
7. Heute ist der ...... Mai (2).

 Ergänze

Berlin, d... ......-en (3) April
Liebe Ina,
Heute ist d... ...... (3) April. In zwei Tagen, a... ......-en (5) April habe ich Geburtstag. Es ist auch Ostern! Letztes Jahr fiel Ostern auf d.. ...-en (7) April. Ich gebe a... ......-en (17) April ein Geburtstagsfest. Du bist herzlich eingeladen! Bringe auch deine ...... (2) Freunde mit! Es sind schon ...... (60) Personen eingeladen.

Bonn, d... ...-en (6) April
Liebe Ute,
Ich habe heute deine Einladung bekommen. Erstmal wünsche ich Dir nachträglich alles Gute zum Geburtstag! Auf d... ......-en (17) April freue ich mich schon! In der Zeit v... ......-en (13) bis z... ......-en (16) bin ich auf dem Land, aber ich komme rechtzeitig zurück. Bis bald!

5.5 La congiunzione 'ma' (Aber... sondern)

Auf dem Markt

Silvia ist Vegetarierin. Sie geht also **nicht** zum Metzger, **sondern** auf den Markt. Dort kauft sie **kein** Fleisch und auch **keinen** Fisch, **sondern** nur Gemüse und Obst. Sie liebt Tomaten, **aber** heute sind die Tomaten teuer und sie kauft lieber Salat. Dazu kauft sie ein paar Kartoffeln, **aber** auch ein Stück Gorgonzola. Sie kocht auch gerne vegetarische Gerichte für Freunde, **aber** diese essen lieber Fleischgerichte. Doch Silvia verzweifelt nicht, **sondern** bietet den Freunden Sojasteaks an und alle sind glücklich! Einige Freunde sind auch Vegetarier geworden!

Vegetarierin-nen: vegetariana	*das Gericht -e*: piatto
das Fleisch -e: carne	*diese*: questi
der Fisch -e: pesce	*verzweifeln*: disperare
das Gemüse-n: verdura	*das Sojasteak -s*: bistecca di soia
das Obst (coll.): frutta	*einige*: alcuni
die Tomate -n: pomodoro	*geworden*: part. pass. di werden
der Salat -e: insalata	

Ma corrisponde in tedesco a:

- **aber**, se equivale all'italiano 'tuttavia';

  *Ich bin faul, **aber** ich lerne jeden Nachmittag für die Prüfung.*

  Sono pigro, **tuttavia** ogni pomeriggio studio per l'esame.

  *Ihr versteht euch gut, **aber** ihr wollt nicht zusammen wohnen.*

  Andate d'accordo, **tuttavia** non volete abitare insieme.

- **sondern**, se equivale all'italiano 'bensì'.

  *Er studiert nicht Biologie, **sondern** Mathematik.*

  Non studia Biologia, **bensì** matematica.

  *Du fährst im Sommer nicht nach Deutschland, **sondern** nach Österreich.*

  Quest'estate non vai in Germania, **bensì** in Austria.

Aber e *sondern* non alterano la costruzione della proposizione.

Aber oder sondern?

1. Du liest keine Zeitschift, ... ein Buch.
2. Ich höre oft klassische Musik, ... manchmal höre ich auch Pop.
3. Wir haben keine Tochter, ... einen Sohn.
4. Ihr esst gerne Fleisch, ... ihr esst öfter Fisch.
5. Sie trinken Bier, ... auch Wein und Wasser.
6. Ich fahre im Sommer nicht mehr nach Spanien, ... nach Portugal.
7. Wir sind gute Freunde, ... wir streiten auch sehr oft.
8. Du bist sehr lernfaul, ... du bekommst immer gute Noten.
9. Er geht oft spazieren, ... er geht lieber schwimmen.
10. Ihr seid nicht intelligent, ... genial.

der Kuchen/die Torte: dolce/torta. *Kuchen* è la torta secca, mentre *Torte* è la torta con crema, panna o frutta.

hilfreich/hilflos, **geistreich/geistlos**: soccorrevole/impotente, spiritoso/noioso. Molti temi con l'aggiunta di suffissi *-los* (privo) o *-reich* (ricco) formano aggettivi con significati opposti.

brauchen: avere bisogno di qualcosa/impiegare un determinato tempo

preiswert/billig: economico. *Billig* può assumere anche l'accezione negativa di qualitativamente scadente.

eineinhalb/anderthalb/einundeinhalb: uno e mezzo.

zahlen/bezahlen: pagare.

zählen: contare.

6 ARBEITSSUCHE

6.1 | I Verbi modali (Modalverben)
Berufe

Anne ist achtzehn; sie **macht** dieses Jahr Abitur. Sie **möchte** dann nach Münster fahren und Sprachen studieren. Sie **will** Englischlehrerin werden.

Klara macht ein Praktikum als Bankkauffrau. Sie **muss** nur zweimal pro Woche zur Schule, ansonsten geht sie in die Bank; sie **darf** schon selber einige Kunden bedienen. Sie **kann** damit Geld verdienen und **will** so schnell wie möglich eine eigene Wohnung in München mieten.

Peter ist Techniker: er **will** eigentlich Ingenieur werden, aber im Moment **kann** er nicht studieren, weil er arbeiten **muss**. Nächstes Jahr **möchte** er aber ein Fernstudium anfangen.

Georg ist Psychologe; er **muss** oft lange arbeiten, aber er ist sehr zufrieden. Er **möchte** gerne im Juli in Urlaub fahren, aber er **darf** bis Ende August nicht: er **muss** leider noch warten.

Karsten ist Verkäufer: er arbeitet auch samstags und **muss** viele Überstunden machen. Er hat deswegen viel Streß. Der Arzt sagt, dass er eine andere Stelle suchen **soll**. Er **kann** aber zur Zeit nichts anderes finden. Er **möchte** gerne im Freien arbeiten, zum Beispiel als Gärtner.

Julia ist Biologin; sie arbeitet im Labor. Sie **will** als Forscherin arbeiten, und **möchte** für ein Jahr in die USA fahren. Jetzt **darf** sie aber nicht; sie **muss** zuerst Prüfungen bestehen.

der Beruf -e: lavoro, professione
das Abitur : esame di maturità
das Praktikum -a: tirocinio
Bankkauffrau -en: commerciante bancaria
zweimal pro Woche: due volte la settimana
ansonsten: se no
damit: con ciò
einige: alcuni
der Kunde -n: clienti
bedienen: servire
verdienen: guadagnare
so schnell wie möglich: il più presto possibile
der Techniker -: tecnico
eigentlich: veramente, in realtà
der Ingenieur -e: ingegnere
im Moment: al momento
das Fernstudium: università a distanza
anfangen: iniziare

der Psychologe -n: psicologo
oft: spesso
zufrieden: contento, soddisfatto
der Urlaub: ferie, vacanza
der Verkäufer -: commesso, venditore
samstags: al sabato
die Überstunde -n: straordinari
deswegen: per questo
der Streß -: stress
die Stelle -n: impiego
zur Zeit: per il momento
nichts anderes: nient'altro
im Freien: all'aperto
der Gärtner -: giardiniere
die Forscherin -nen: ricercatrice
die Biologin -nen: biologa
das Labor -s: laboratorio
die Prüfung -en: esame

I verbi modali sono quelli che esprimono un particolare 'modo' dell'azione e che reggono però un altro verbo (detto predicativo) all'infinito.

Coniugazione dei verbi modali

	wollen	möchten	müssen	sollen	können	dürfen
ich	will	möchte	muss	soll	kann	darf
du	willst	möchtest	musst	sollst	kannst	darfst
er/sie/es	will	möchte	muss	soll	kann	darf
wir	wollen	möchten	müssen	sollen	können	dürfen
ihr	wollt	möchtet	müsst	sollt	könnt	dürft
sie	wollen	möchten	müssen	sollen	können	dürfen

Il significato dei verbi modali

- **Wollen** esprime un desiderio, una volontà, un'intenzione.
  Ich will nächstes Jahr studieren. L'anno prossimo voglio fare l'università.
- **Möchten** esprime una preferenza o un'inclinazione, una richiesta cortese.
  Ich möchte ein Eis, bitte. Vorrei un gelato per favore.
- **Müssen** esprime una necessità, un dovere o una costrizione.
  Ich muss schnell nach Hause fahren. Devo andare a casa in fretta.
- **Sollen** esprime una prescrizione, un dovere morale, una consuetudine.
  Sie sollen nicht mehr rauchen. Lei non deve più fumare.
- **Können** esprime una capacità o una possibilità.
  Elke kann sehr gut Fleisch zubereiten. Elke sa preparare molto bene la carne.
- **Dürfen** esprime un permesso, un diritto o un divieto (se unito a negazione).
  Kinder dürfen nicht wählen. I bambini non possono votare.

Costruzione della frase con i verbi modali

- Nella proposizione principale, i modali reggono l'infinito, che occupa l'ultima posizione.
  *Peter **will** Jura **studieren**.* Peter vuole studiare giurisprudenza.
  *Die Kinder **müssen** ins Bett **gehen**.* I bambini devono andare letto.
- Nella frase secondaria, il verbo modale coniugato viene posto dopo l'infinito.
  *Peter fährt nach Wien, weil er Jura **studieren will**.*
  Peter va a Vienna, perché vuole studiare giurisprudenza.
  *Der Vater sagt, dass die Kinder ins Bett **gehen müssen**.*
  Il papà dice che i bambini devono andare a letto.
- In alcuni casi particolari, in cui i modali possono reggere un doppio infinito.
  *Ich **möchte** jetzt **schlafen gehen**.* Adesso voglio andare a dormire.
- Alcuni verbi possono essere impiegati come verbi modali, reggendo l'infinito (*z.B. lassen, helfen, sehen, hören, bleiben, gehen, lernen*).

*Ich **lerne kochen**.* Imparo a cucinare.

*Er **hört** den Nachbarn Klavier **spielen**.* Egli sente il vicino suonare il piano.

*Wir **gehen** zusammen **schwimmen**.* Andiamo insieme a nuotare.

Ergänze die Modalverben

1. Ich .... nicht lange bleiben. Ich .... um zwei zu Hause sein.
2. Tee oder Kaffee? Was .... Sie trinken?
3. Peter ist zu dick; der Arzt sagt, er .... eine Diät machen.
4. Wohin .... Mario und Sandra in die Ferien fahren?
5. Was .... ich für Sie tun, gnädige Frau?

6.2 I pronomi personali (Die Personalpronomen)

Bewerbung

Schwerindustriebetrieb sucht einen	*die Bewerbung -en*: candidatura *der Schwerindustriebetrieb -e*: industria pesante
TECHNIKER	*der Techniker -*: tecnico
	gehören: appartenere
Zu den Aufgaben gehören:	*die Überwachung -en*: sorveglianza
Überwachung von Fertigungsabläufen	*der Fertigungsablauf ¨-e*: processi di produzione
Kontrolle mechanischer Prozesse	*die Kontrolle -n*: controllo
Die Bewerber sollen fachlich qualifiziert	*der Prozess -e*: processo
sein und Berufserfahrung haben.	*der Bewerber -*: candidato
Alter zwischen 25 und 35.	*fachlich qualifiziert*: qualificato professionalmente
Feste Computerkenntnisse	*die Berufserfahrung-en*: esperienza di lavoro
sind Voraussetzung.	*das Alter -*: età
	fest: solido
Bewerbung an: labor@elektra.de	*Computerkenntnisse sind Voraussetzung*: le
Information unter: 033/3432666	conoscenze informatiche costituiscono un requisito essenziale

Ein Telefongespräch

Herr Knapp: Hier Knapp von der Personalabteilung. Kann ich **Ihnen** helfen?

Peter: Guten Tag. **Ich** heiße Peter Zoll. **Ich** kenne **Sie** aus von der Anzeige in der *Frankfurter* und möchte **mich** um die Stelle bewerben.

Herr Knapp: **Wir** suchen zur Zeit drei Mitarbeiter; haben **Sie schon** Erfahrung?

Peter: **Ich** habe als Lehrling ein Praktikum bei *Flügel* gemacht, und seit drei Jahren arbeite **ich** als Techniker in einer Computerabteilung in Frankfurt.

Herr Knapp:	Das ist natürlich von Vorteil. Wie alt sind **Sie** eigentlich?
Peter:	**Ich** werde sechsundzwanzig.
Herr Knapp:	Gut, **ich** glaube, dass wir schon jetzt einen Besprechungstermin vereinbaren können. Freitag um 9 Uhr, ist **Ihnen** das Recht? Und einen Lebenslauf schicken **Sie uns** per E-mail, bitte. Haben **Sie** sonst noch Fragen?
Peter:	**Ihre** Adresse brauche ich noch. Mit wem werde **ich** sprechen?
Herr Knapp:	Sie werden mit **mir** und der Arbeitspsychologin sprechen. **Unsere** Sekretärin gibt **Ihnen** sofort die Adresse **unserer** Firma. Ich hatte noch vergessen, Stelle ist eine Ganztagsbeschäftigung und samstags haben **Sie** frei.
Peter:	Gut, ich danke **Ihnen** und freue mich darauf, **Sie** zu treffen. Auf Wiedersehen

das Telefongespräch -e: telefonata
die Personalabteilung -en: settore risorse umane
die Anzeige -n: inserzione
die Frankurter Allgemeine Zeitung: quotidiano nazionale di Francoforte
sich bewerben: candidarsi
der Mitarbeiter -: collaboratore
die Erfahrung -en: esperienza
der Lehrling -e: praticante
von Vorteil: vantaggioso
der Besprechungstermin -e: appuntamento per un colloquio
vereinbaren: concordare
ist ihnen das Recht?: le va bene?

der Lebenslauf ¨-e: curriculum
per e-mail: via posta elettronica
sonst: se no
die Arbeitspsychologin -nen: psicologa del lavoro
die Firma -en: azienda
die Stelle -n: il posto di lavoro
die Ganztagsbeschäftigung: lavoro a tempo pieno
sich freuen auf + Akk.: rallegrarsi per qualcosa
treffen: incontrare
das Treffen: incontro
bis dahin: a presto

I pronomi personali								
N.	ich	du	er	sie	es	wir	ihr	sie	Sie
A.	mich	dich	ihn	sie	es	uns	euch	sie	Sie
D.	mir	dir	ihm	ihr	ihm	uns	euch	ihnen	Ihnen
G.	meiner	deiner	seiner	ihrer	seiner	unserer	eurer	ihrer	Ihrer

Costruzione della proposizione con pronomi personali:

- se i complementi sono rappresentati da **due** pronomi, il **pronome all'accusativo** ha la precedenza nell'ordine di costruzione della proposizione;

  Ina gibt der Mutter das Heft.[1] *Ina gibt **es** ihr.*

- se uno dei due complementi è rappresentato da un pronome e l'altro da un sostantivo, il **pronome** ha **sempre** la precedenza;

  *Ina gibt der Mutter das Heft. Ina gibt **ihr** das Heft. Ina gibt **es** der Mutter.*

---

[1]   Nel caso di due complementi rappresentati da sostantivi, **ha invece la precedenza il dativo**.

TEDESCO

- quando si applica l'**inversione,** il pronome precede il soggetto, solo se quest'ultimo è un sostantivo.

*Morgen gibt **es** Ina der Mutter. Morgen gibt **sie es** der Mutter.*

Ergänze die Personalpronomen

Elke ist meine Schwester. **Sie** ist meine Schwester.

Der Vater arbeitet lange.

Karla hilft **der Schwester nicht**.

Ich gebe **dem Lehrer die Bücher**.

Morgen sehen wir **drei Freunde**.

Du spielst mit **den Puppen**.

Matthias ist krank.

Ich kaufe ihm **einen Füller**.

Wir zeigen euch **die Kinostücke**.

Ergänze die Personalpronomen

Ich habe Hunger. Mario gibt ...... ein Brötchen.

Du bist traurig. Ich tröste ....

Jenny hat kein Geld mehr, Mario hat Durst. Ich gebe ...... zehn Euro und ...... eine Flasche Wasser.

Frau Meyer, haben ...... noch einige Minuten Zeit? ...... wollen alle zusammen noch ins Restaurant gehen.

Mario trifft ...... (Ina) punkt acht. Ina begegnet ...... (Mario) Punkt acht.

Anna, hier ist ein Blumenstrauß für ....

Versteht ihr ...... wenn ich auf Deutsch spreche?

Sie möchte ...... zu Weihnachten einladen.

Schreibe die Antwort auf eine Anzeige

Erzähle in der Bewerbung kurz deinen Lebenslauf, deine Arbeitserfahrungen, deine Sprach- und Computerkenntnisse, deine Erwartungen usw ....

....

6.3 L'orario (Die Uhrzeit)

Ein romantisches Treffen

Jenny und Mario haben sich für heute Abend verabredet. Sie wollen gegen **acht Uhr abends** zusammen eine Pizza essen und dann um **halb zehn** in die zweite Kinovorstellung gehen. Ihr Treffpunkt ist **Punkt acht** vor dem Domplatz in Köln.

Es ist **Viertel vor neun**: Mario wartet vor dem Dom mit einem Blumenstrauß in der Hand, aber Jenny kommt nicht. Mario will sie von einer Telefonzelle anrufen: da ist eine. Er nimmt den Hörer ab und wählt die Nummer von der Wohnung, wo Jenny wohnt. Paco antwortet.

Paco: Hallo, hier spricht Springs.

Mario: Hallo Paco, hier spricht Mario. Ist deine Schwester noch zu Hause? Vielleicht hat sie unsere Verabredung vergessen! Ich warte schon seit mehr als zwanzig Minuten auf sie.

Paco: Aber nein; sie hat sicher Verspätung. Jenny ist **zwanzig vor acht** aus dem Haus gegangen und wollte sich um **acht** mit dir treffen. Aber sie kennt sich in der Kölner U-Bahn nicht so gut aus. Warte noch ein bisschen.

In diesem Moment sieht Mario Jenny von der Telefonzelle aus; sie kommt in Eile. Sie stieg erst um **zehn vor halb neun** in den richtigen Bus ein. Deswegen ist sie zu spät. Jenny freut sich sehr über die Blumen. Die beiden gehen sofort in die Pizzeria, damit sie noch rechtzeitig im Kino sein können.

Es ist **Mitternacht**. Nach dem Kino trinken Jenny und Mario noch ein Bier in einer Kneipe. Jetzt müssen sie aber gehen, sonst macht die U-Bahn zu. Mario begleitet Jenny bis zu ihrer Wohnung in der Heinzstraße.

Mario: Ich fahre am Samstag schon nach Italien zurück. Vielleicht können wir uns vor meiner Abfahrt noch einmal sehen…

Jenny: Sehr gerne. Mein Bruder und ich bleiben noch zwei Wochen in Deutschland; wir machen Ende Mai eine Reise durch die Rheingegend. Übermorgen bin ich frei: Wollen wir zusammen zu Mittag essen?

Mario: Ja, gerne. Wir können uns um **ein Uhr mittags** vor dem Restaurant "Roma" am Rheinufer treffen. Da kann man gut *Spaghetti* essen.

Jenny: Gut! Wir können dann den Rhein entlang spazieren gehen. Bis Freitag!

romantisch: romantico	*ein bisschen*: un pochino
sich verabreden: darsi un appuntamento	*in Eile*: in fretta
die Kinovorstellung-en: film	*die U-Bahn*: metropolitana
der Treffpunkt-e: punto d'incontro	*deswegen*: per questo
punkt acht: otto in punto	*zu spät*: in ritardo
der Domplatz ¨-e: piazza Duomo	*rechtzeitig*: in tempo
drei Viertel neun: un quarto alle nove	*die Mitternacht*: mezzanotte
der Blumenstrauß ¨-e: mazzo di fiori	*das Bier -e*: birra
die Telefonzelle-n: cabina telefonica	*die Kneipe -n*: birreria
der Hörer -: cornetta	*begleiten*: accompagnare
abnehmen: sollevare (anche dimagrire)	*die Rheingegend -en*: la zona del Reno
wählen: comporre (anche votare)	*übermorgen*: dopodomani
der Termin-e: appuntamento	*wunderbar*: splendido
Verspätung haben: avere ritardo	*das Rheinufer*: la sponda del Reno
sich gut auskennen: conoscere bene	

Gli orari

1.00	ein Uhr (nachts)
1.05	ein Uhr fünf/fünf nach eins

	Gli orari
1.10	ein Uhr zehn / zehn nach eins
1.15	ein Uhr fünfzehn / Viertel nach eins
1.20	ein Uhr zwanzig / zwanzig nach eins/zehn vor halb zwei
1.25	ein Uhr fünfundzwanzig / fünf vor halb zwei
1.30	ein Uhr dreizing / halb zwei
1.35	ein Uhr fünfunddreizig / fünf nach halb zwei
1.40	ein Uhr vierzig / zwanzig vor zwei/zehn nach halb zwei
1.45	ein Uhr fünfundvierzig / Viertel vor zwei/drei Viertel zwei
1.50	ein Uhr fünfzig / zehn vor zwei
1.55	ein Uhr fünfundfünfzig / fünf vor zwei
14.00	vierzehn Uhr / zwei Uhr mittags
20.00	zwanzig Uhr / acht Uhr abends
24.00	vierundzwanzig Uhr / Mitternacht/zwölf Uhr nachts
12.00	Mittag / zwölf Uhr mittags

☞ **Schreibe die Uhrzeiten aus**

14.35 ....   10.25 ....

3.40 ....   5.05 ....

15.15 ....   12.15 ....

24.00 ....   7.30 ....

12. 25 ....   8.30 ....

7.1 Verbi con accusativo e dativo (Verben mit Akkusativ und Dativ)

Auf Wohnungssuche

Blanca und Silvia ziehen im Herbst zusammen nach Berlin. Ihre Eltern **bieten** ihnen Hilfe **an**: Sie wollen den Mädchen eine neue Wohnung **mieten** und **geben** ihnen freie Bahn. Die Freundinnen machen sich gleich auf die Suche. Blanca **bringt** der Freundin das Wochenblatt und **zeigt** ihr die Wohnungsanzeigen. Doch dort finden sie nichts. Sie gehen also zusammen zum Wohnungsamt und **erklären** dem Beamten ihre Wünsche. Er **beantwortet** ihnen alle Fragen und **empfiehlt** ihnen zuletzt eine Anzeige. Er **gibt** ihnen Papier und einen Kugelschreiber. Blanca **diktiert** der Freundin den Text: "Gesucht wird eine 2-Zimmer-Wohnung, 60 m², vollmöbliert, Zentralheizung, 5 Min. vom Marktplatz, ruhig gelegen, Tel. 856966".

Sie **schicken** die Anzeige der Wochenblattredaktion und gehen schnell nach Hause.

Hoffentlich ruft bald jemand mit einem guten Angebot an!

die Suche -n: ricerca	*beantworten*: rispondere a
ziehen nach: trasferirsi	*empfehlen*: consigliare
der Herbst -e: autunno	*selber*: personalmente
anbieten: offrire	*das Papier -e*: carta (al Pl. documenti)
die Hilfe -n: aiuto	*der Kugelschreiber -*: penna a sfera
freie Bahn geben: dare via libera	*diktieren*: dettare
sich auf die Suche machen: iniziare le ricerche	*der Text -e*: testo
bringen: portare	*das Zimmer -*: stanza
das Wochenblatt ¨-er: giornale settimanale	*vollmöbliert*: ammobiliata
das Amt ¨-er: ente	*die Zentralheizung -en*: riscaldamento centralizzato
erklären: spiegare	*gelegen*: (part. di liegen) posizionato
der Wunsch ¨-e: desiderio	*die Redaktion -en*: redazione

Alcuni verbi reggono sia il dativo (complemento di termine riferito a una persona) sia l'accusativo (complemento oggetto riferito a una cosa). I verbi più frequentiemente utilizzati sono ***bringen, sagen, zeigen, schreiben, schicken, geben, erzählen, beantworten***.

*Wir **bringen** euch heute Abend Bier.* Stasera vi portiamo della birra.

*Er **sagt** den Freunden seine Meinung.* Egli dice agli amici la sua opinione.

*Wir **zeigen** den Kindern Bücher.* Mostriamo ai bambini dei libri.

*Ihr **schreibt** den Eltern einen Brief.* Scrivete una lettera ai genitori.

*Sie **schicken** den Tanten ein Paket.* Spediscono un pacchetto alle zie.

👉 **Bilde Sätze**

Der Vater/beantworten/das Kind/die Fragen
Der Vater beantwortet dem Kind die Fragen

1. Die Lehrerin/erzählen/der Schüler/ein Witz.

....

2. Der Chef/geben/der Kunde/die Hand.

....

3. Du/sagen/ich/die Wahrheit.

....

4. Das Mädchen/schicken/die Redaktion/das Manuskript.

....

5. Ihr/bringen/das Kind/die Spielzeuge.

....

7.2 Aggettivi e pronomi possessivi (Possessivadjektive und Pronomen)

Beim Vermieter

Vermieter: Hier ist **eure Anzeige** und hier ist **mein Angebot**. **Meine Kinder** ziehen bald um und **meine Frau** ist wegen **ihres Berufes** sehr oft innerhalb Europas unterwegs. **Mein Haus** ist für mich allein zu groß; ich möchte das ganze Obergeschoss vermieten. Es hat zwei Zimmer, eine Wohnküche und ein Bad. Vollmöbliert ist es natürlich auch!

Blanca: Warum wollen **ihre Kinder** nicht mehr bei ihnen wohnen?

Vermieter: **Meinen Kindern** gefällt die Wohnlage nicht. Sie sind mit **ihrem Studium** bald fertig und können endlich von hier wegziehen. **Meine Tochter** zieht im Herbst aufs Land zu **ihrem Freund** und **mein Sohn** fährt nach Kanada zu **seiner Freundin**.

Blanca: Warum gefällt **ihren Kindern** die Wohnlage nicht? Ist es hier sehr laut? Sie wissen ja: **unser Wunsch** ist eine ruhige Wohnung!

Vermieter: Keine Angst! **Unsere Nachbarn** sind mucksmäuschenstill

der Vermieter -: locatore
das Angebot -e: offerta
umziehen: traslocare
innerhalb: all'interno
zu: troppo
das Obergeschoss ¨-e: primo piano
vermieten: affittare
die Wohnküche -en: cucina abitabile
das Bad ¨-er: bagno

die Wohnlage -n: posizione dell'abitazione
das Studium: studio
fertig: finito
wegziehen: traslocare altrove
das Land ¨-er: campagna
laut: rumoroso
mucksmäuschenstill: silenziosissimo

Nominativ			
Maskulin	**Neutrum**	**Feminin**	**Plural**
mein	mein	meine	meine
dein	dein	deine	deine

Nominativ			
Maskulin	**Neutrum**	**Feminin**	**Plural**
sein (m)- ihr (f)	sein (m)- ihr (f)	seine (m)- ihre (f)	seine (m) - ihre (f)
sein (n)	sein (n)	seine (n)	seine (n)
unser	unser	unsere	unsere
euer	euer	eure	eure
ihr	ihr	ihre	ihre
Ihr	Ihr	Ihre	Ihre

L'**aggettivo possessivo** indica l'appartenenza di un sostantivo a una cosa o a una persona e concorda con il sostantivo cui si riferisce, in genere, numero e caso. La declinazione dell'aggettivo possessivo è uguale a quella dell'articolo indeterminativo, si accorda cioè secondo il:

• **caso** (nominativo, accusativo, dativo, genitivo);

 *Das ist **mein** Kugelschreiber*. Questa è la mia penna.

 *Du nimmst **meinen** Kugelschreiber*. Tu prendi la mia penna.

 *Du schreibst mit **meinem** Kugelschreiber*. Tu scrivi con la mia penna.

• **genere** (maschile, femminile, neutro);

 *Du nimmst **meinen** Kugelschreiber*. Tu prendi la mia penna.

 *Du nimmst **meine** Tasche*. Tu prendi la mia borsa.

 *Du nimmst **mein** Buch*. Tu prendi il mio libro.

• **numero** (singolare, plurale).

 *Du nimmst **meine** Kugelschreiber, **meine** Taschen und **meine** Bücher.*
 *Du schreibst mit **seinem** Kugelschreiber auf **meine** Hefte.*

Se il possessivo è di III persona singolare, bisogna tenere conto anche del **genere** della persona o cosa cui appartiene:

 ***Das Kind** hat ein Buch. Das ist **sein** Buch. **Die Frau** hat ein Buch.*
 *Das ist **ihr** Buch. **Der Junge** hat ein Buch. Das ist **sein** Buch.*

L'aggettivo possessivo non è **mai** preceduto dall'articolo (cfr. 1.2), lo include.

La flessione del **pronome possessivo** (si veda la tabella seguente) coincide con quella dell'aggettivo tranne che al nominativo singolare maschile (*mein**er***) e neutro (*mein**es***) e all'accusativo singolare neutro (*mein**es***).

 *Das ist **mein** Mantel und dort ist **deiner**. Ich kenne **sein** Kind und **ihres**.*

	Maskulin	**Feminin**	**Neutrum**	**Plural**
Nominativ	mein (mein**er**)	meine	mein (mein**es**)	meine
Akkusativ	mein**en**	meine	mein (mein**es**)	meine
Dativ	mein**em**	mein**er**	mein**em**	meine
Genitiv	mein**es**	mein**er**	mein**es**	mein**er**

Vervollständige die Sätze mit Possesivadjektiven oder -pronomen

1. Herr Rossi und sein… Frau mieten eine Wohnung im Zentrum.
2. Ich zeige mein… Mutter mein… neues Haus; sie zeigt mir ……….
3. Die Mädchen schicken …… Briefe per Luftpost.
4. Wir fahren mit unser… Auto nach Berlin, nicht mit ………. .
5. Wie geht es dein… Frau und dein… Kindern?
6. Frau Asnar holt aus …… Tasche …… Kugelschreiber heraus.
7. Frau Rossi und …… Tochter lernen zusammen Deutsch.

7.3 Struttura della frase con complementi (Satzbau mit Objekten)

Studentenheim

Pablo zieht auch nach Berlin. Seine Eltern mieten ihm keine Wohnung, aber das ist für Pablo keineswegs ein Problem. Sein Freund Jan bietet ihm für die ersten paar Wochen ein Zimmer in seiner Zweizimmerwohnung an. Der Mitbewohner von Jan ist zur Zeit auf Urlaub und stellt sein Zimmer gerne zur Verfügung. In zwei Wochen bekommt dann Pablo ein Zimmer im Studentenwohnheim. Das Studentenwohnheim befindet sich im Studentendorf am Stadtrand. Dort gibt es sieben Gebäude mit jeweils vier Stockwerken! Auf jedem Stockwerk gibt es siebzehn Einzelzimmer, eine Küche und zwei Badezimmer.

das Studentenheim -e: casa dello studente
keineswegs: in nessun modo
das Problem -e: problema
der Mitbewohner -: coinquilino
auf Urlaub: in vacanza
zur Verfügung stellen: mettere a disposizione
sich befinden: essere situato

das Studentendorf ¨-er: villaggio studentesco
der Stadtrand ¨-er: periferia
das Gebäude -: edificio
jeweils: rispettivamente
das Stockwerk -e: piano
das Badezimmer -: bagno
der Einzelzimmer -: stanza singola

Struttura regolare			
I	II	III	IV
Hans	gibt	dem Mädchen	das Buch
		ihm	das Buch
Hans	gibt	es	dem Mädchen
		es	ihm

Costruzione della frase con complementi:

• solitamente il dativo precede l'accusativo;

*Ihr zeigt **dem Freund** den Weg*. Mostrate la strada all'amico.

*Jan sagt **dem Lehrer** seine Meinung*. Jan dice la sua opinione al maestro.

• in generale, qualunque sia il suo caso, il pronome precede il complemento espresso da un sostantivo;

*Ich gebe **ihm das Heft**.* Gli do il quaderno.

*Ich gebe **es dem Lehrer**.* Lo do al maestro.

- nel caso in cui l'accusativo sia un pronome, il dativo è posposto;

*Wir erklären **es** den Schülern.* Noi lo spieghiamo agli studenti.

*Ihr schickt **es** euren Verwandten in China.* Lo spedite ai vostri parenti in Cina.

- nel caso vi siano due pronomi, l'accusativo precede il dativo;

*Ich gebe **es ihm**.* Io do a lui. *Du zeigst **sie mir**.* Me li mostri.

- nel caso di inversione il pronome dativo/accusativo segue il verbo coniugato e il soggetto si sposta in IV posizione;

*Morgens liest **mir** Juan die Zeitung vor.* La mattina Juan mi legge il giornale.

*Oft diktiert **ihr** der Chef einen Brief.* Spesso il capo le detta una lettera.

- se il soggetto stesso è un pronome esso rimane in III posizione.

*Hoffentlich schreibt **er** es uns.* Speriamo che ce lo scriva.

*Oft sagst **du** es ihm.* Spesso glielo dici.

Inversione				
I	II	III	IV	V
Jetzt	gibt	Hans	dem Mädchen	das Buch
		ihm	Hans	das Buch
		es	ihm	Hans
Jetzt	gibt	er	ihm	das Buch
		er	es	dem Mädchen
		er	es	ihm

Beantworte die Fragen

Schenkst du **deiner Mutter ein Buch**? Ja, ich schenke **es ihr**.

1. Zeigt er seinem Opa die Fotos?
2. Sagst du deiner Freundin die Wahrheit?
3. Erklären wir unseren Studenten das Beispiel?
4. Empfehlt ihr euren Kindern den Film?
5. Diktiert der Chef seiner Sekretärin einen Brief?
6. Bietet sie ihren Gästen Bier an?
7. Beantwortest du deinem Nachbarn die Frage?
8. Schreiben wir unseren Kollegen eine Karte?
9. Bringen sie ihrer Oma Blumen mit?
10. Schickst du deinem Freund ein Geburtstagspaket?

Ergänze die Possessivadjektive und -pronomen

1. Klaus sucht …… Mathebuch schon seit zwei Stunden. Er kann es nicht finden, denn …… Zimmer ist sehr unordentlich. "Mutti", ruft er, "wo ist …… Mathebuch?" "Wieso machst du nicht einfach …… Zimmer sauber. Dann findest du es bestimmt", antwortet sie.

2. Seit gestern frisst …… Hund nicht mehr. …… Augen sehen auch ganz traurig aus. Außerdem liegt er den ganzen Tag lang auf …… Kissen und schläft. …… Meinung nach ist er krank. Morgen rufe ich …… Tierarzt!

3. Im Schwimmbad

Herr Kunz: "Entschuldigung; aber das sind …… Schuhe nicht ……."

Herr Hunz: "Nein; das sind nicht …… Schuhe, sondern ……."

Denn ich habe braune Schuhe; und diese Schuhe sind braun."

Herr Kunz: "Ja, aber …… Schuhe sind auch braun, genau wie ……"

Und diese Schuhe waren schließlich neben …… Tasche, nicht ……"

Herr Hunz: "Wie ist denn …… Schuhgröße?"

Herr Kunz: "44."

Herr Hunz: "Na also, dann können das gar nicht …..Schuhe sein.

Die hier sind nämlich Größe 40."

4. …… Bruder wohnt mit …… Freundin in Köln. …… Wohnung ist groß und sehr gemütlich. …… Freund geht ihn immer gerne besuchen und meistens bringt er auch …… Frau und …… Kinder mit. Heute gehe auch ich …… besuchen. Hoffentlich ist er zu Hause. Ich mache ihm nämlich eine Überraschung!

 Ergänze "seinen, die, einen, der, seinem, das, ein, seiner, den, einem, eine"

In …… Hafen an …… westlichen Küste Europas liegt …… ärmlich gekleideter Mann in …… Fischerboot und döst.[1] …… schickangezogener Tourist legt eben …… neuen Farbfilm in …… Fotoapparat, um…… idyllische Bild zu fotografieren: blauer Himmel, grüne See mit friedlichen, schneeweissen Wellenkämmen[2], schwarzes Boot, rote Fischermütze. Klock. Noch einmal: klick, und da aller guten Dinge drei sind, und sicher sicher ist, …… drittes Mal: klick. …… sprödes, fast feindseliges Geräusch[3] weckt …… dösenden Fischer, der sich schläfrig aufrichtet, schläfrig nach …… Zigarettenschachtel angelt[4], aber bevor er …… Gesuchte gefunden, hat ihm …… eifrige Tourist schon …… Schachtel vor …… Nase gehalten, ihm …… Zigarette nicht gerade in …… Mund gesteckt, aber in …… Hand gelegt, und …… viertes Klick, …… des Feurzeuges, schliesst …… eilfertige Höflichkeit ab.

aus *Anekdote zur Senkung der Arbeitsmoral* von Heinrich Böll

---

1. sonnecchiare
2. increspatura dell'onda, bianca e pacifica
3. rumore rauco, nemico
4. pescare

! **die Zeit**: tempo;

zur Zeit: al momento;

zu keiner Zeit: mai;

zu seiner Zeit, **zur rechten Zeit**: a tempo debito;

zu meiner Zeit: ai miei tempi ;

zu jener Zeit, **seinerzeit**: a quei tempi;

zur gleichen Zeit: allo stesso tempo;

es ist Zeit/es ist an der Zeit: è ora, non c'è tempo da perdere;

es ist höchste Zeit: non c'è assolutamente più tempo da perdere;

das hat Zeit: c'è tempo.

8.1 Il passato prossimo (Das Perfekt)

Ein Aufenthalt in Deutschland

Blanca ist Au-pair-Mädchen in Deutschland. Sie **ist** in Barcelona **geboren** und möchte nächstes Jahr Sprachen und Tourismus in Spanien studieren. Blanca **hat** aber in der Schule kein Deutsch **gelernt**. Deswegen **hat** sie **beschlossen**, für ein Jahr in Deutschland als *Au pair* zu leben. Sie schreibt einer Freundin in Ulm eine E-mail.

der Aufenthalt -e: soggiorno
das Aupairmädchen: ragazza alla pari
geboren: nato
die Sprache -n: lingue
deswegen: per questo
beschließen: decidere
von Anfang an: dall'inizio
gefallen: piacere
die Schwierigkeit -en: difficoltà
lieb: carino, affettuoso
fühlen: sentire (non acustico)
der Kartoffelsalat -e: insalata di patate
die Bratwurst -e: salsiccia arrosto
der Käsekuchen -: torta al formaggio
zeigen: mostrare
die Kneipe -n: birreria /pub
die Wirtschaft: economia
kennenlernen: fare la conoscenza
die Disko -s: discoteca
die Weihnachts-ferien: vacanze di Natale
Tschüss: ciao

New e-mail

ute@uniulm.de

Hallo Ute! Ich bin schon seit zwei Monaten hier in Bonn. Deutschland **hat** *mir von Anfang an sehr gut* **gefallen***. Ich wohne bei Familie Bauer. Die erste Zeit* **habe** *ich Schwierigkeiten mit der Sprache* **gehabt***, aber ich habe jetzt keine Probleme mehr.*
Familie Bauer ist sehr lieb: ich **habe** *mich sofort zu Hause* **gefühlt***. Von Frau Bauer* **habe** *ich* **gelernt***, wie man deutsch kocht: Kartoffelsalat, Bratwurst und Käsekuchen. Ihre Tochter Julia* **hat** *mir die Stadt* **gezeigt***, die Uni, den Dom, das Beethovenhaus, den Rhein und natürlich auch viele Kneipen!*
Ich **habe** *Anfang November einen Kurs an der Uni über Wirtschaft und Marketing* **angefangen***. Es ist sehr interessant. Ich* **habe** *dort viele Leute* **kennengelernt** *und wir* **sind** *schon oft zusammen ins Kino oder essen* **gegangen***.*
Gestern **sind** *wir auch in die Disko nach Köln* **gefahren***; wir* **sind** *erst um drei Uhr morgens nach Hause* **gekommen** *und* **haben** *viel Spaß* **gehabt***. Ich fahre in den Weihnachtsferien nicht nach Hause, sondern nach Wien. Ich bleibe für einen Monat in Österreich, dann fahre ich nach Bonn zurück. Kannst Du mich dann besuchen? Wir* **haben** *uns lange nicht mehr* **gesehen***…*

Tschüss, Deine Blanca

Il *Perfekt* si forma con l'**ausiliare** al tempo presente e il **participio passato** del verbo. In tedesco esistono modi diversi di formare il participio passato, a seconda che si tratti di verbi deboli, di verbi forti o di verbi misti, cioè quei verbi che pur avendo le desinenze die verbi deboli, presentano cambiamenti nel vocalismo del tema. (Sono misti, ad esempio i verbi modali).

Verbi deboli

Alla **radice** dei verbi deboli si aggiungono il prefisso **ge-** e il suffisso **-t**.

*spiel*en – **ge***spielt* (giocare)

*lieb*en – **ge***liebt* (amare)

Nei verbi con radice che termina in **-d**, **-t**, **-m**, **-n** si aggiunge la 'e' eufonica prima del suffisso.

*öffn*en – *geöffn***et** (aprire)

*red*en – *gered***et** (parlare)

Nei verbi con prefisso inseparabile (*untrennbar*) e in verbi che finiscono in -*ieren*, il prefisso ge- si omette.

*erz*ählen – *erzählt* (raccontare)

*dikt***ieren** – *diktiert* (dettare)

Nei verbi con prefisso separabile (*trennbar*) il prefisso ge- si inserisce tra prefisso e verbo.

mitmachen – *mit***ge***macht* (partecipare)

nachdenken – *nach***ge***dacht* (riflettere

Verbi forti

All**a** **radice** modificata[1] dei verbi si aggiungono il prefisso **ge-** e il suffisso **-en**.

*find*en – **ge***fund***en** (trovare)

*treff*en – **ge***troff***en** (incontrare)

Nei verbi con prefisso inseparabile (untrennbar), il prefisso ge- si omette.

*verst*ehen – *verstanden* (capire)

beginnen – *begonnen* (iniziare)

Nei verbi con prefisso separabile (trennbar) il prefisso ge- si inserisce tra prefisso e verbo.

aussteigen – *aus***ge***stiegen* (scendere)

weglaufen – *weg***ge***laufen* (scappare)

Verbi misti (*gemischte Verben*)

Il participio si forma come nei verbi deboli, ma la radice viene modificata come in quelli forti.

*bring*en – **ge***bracht* (portare); *denk*en – **ge***dacht* (pensare)

---

[1] L'elenco dei verbi verbi forti con le forme modificate al passato si trova in appendice.

Verbi con participio passato **irregolare**:

- il participio di **haben** e **sein** assume le seguenti forme: *gehabt /gewesen*;

  Frau Braun **hat** gestern im Büro viel zu tun **gehabt**.

  Wir **sind** vor ein paar Monaten in der Toskana **gewesen**.

- i **verbi modali** formano il participio passato come i verbi deboli; alcune forme tuttavia perdono la *Umlaut* (dieresi).

wollen – gewollt	*dürfen – gedurft*
müssen – gemusst	*sollen – gesollt*
können – gekonnt	

In ogni caso con i modali è preferibile utilizzare il preterito piuttosto che il passato prossimo (vedi 9.1).

La costruzione della frase tedesca con il *Perfekt* prevede che i complementi siano collocati tra l'ausiliare coniugato e il participio passato.

*Wir **haben** gestern eine Flasche Bier **getrunken**.*

*Gestern **haben** wir eine Flasche Bier **getrunken**.*

Gli ausiliari del passato prossimo

***gehen**: ich **bin** gegangen; **werden**: ich **bin** geworden*

***schlafen**: ich **habe** geschlafen; **wollen**: ich **habe** gewollt*

verbi con ausiliare *SEIN*	verbi con ausiliare *HABEN*
• con verbi intransitivi di movimento da e verso luogo (*gehen, laufen, kommen…*) • con verbi intransitivi che indicano un cambiamento di stato (*werden, aufwachen, wachsen…*) • *sein* e *bleiben*	• tutti i verbi transitivi • tutti i verbi riflessivi • tutti i verbi modali • verbi intransitivi che non esprimono movimento né cambiamento di stato (verbi che reggono il dativo, che non indicano inizio o termine ecc.)

 Setze ins Perfekt

Ich **mache** die Aufgabe. Ich **habe** die Aufgabe **gemacht**.

Marta diskutiert mit Karl.

Herr Meier kauft Brot.

Klara sucht ein Geschenk.

Marco erklärt alles dem Vater.

Wir fragen Peter.

Kinder malen ein Haus.

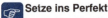 **Setze ins Perfekt**

Er **sitzt** im Zug. Er **hat** im Zug **gesessen**.
Ich finde keine Zeit.
Juan schläft bis Mittag.
Was tun wir?
Marco verliert das Geld.
Wir fahren morgen nach Berlin.
Ich trete in die Klasse.

 Setze ins Perfekt

Ich **bringe** die Tasche. Ich **habe** die Tasche **gebracht**.
Er kann die Antwort nicht.
Was tun Sie?
Im Juni bin ich am Meer.
Maria denkt lange nach.
Ich habe Glück.

8.2 Pronomi riflessivi (Die Reflexivpronomen)

Am Rhein

Jenny **trifft sich** heute mit Mario. Sie steht im Badezimmer und **betrachtet sich** im Spiegel. Zuerst hat sie sich geduscht. Dann hat sie **sich geschminkt** und hat **sich** lange **frisiert**. Sie hat sich sogar eine neue Bluse erlaubt. Jenny **freut sich** sehr auf das Mittagessen mit Mario am Rheinufer und **stellt sich** die Szene **vor**.

Auch Mario **bereitet sich** für das Treffen mit Jenny **vor**. Er hat **sich** frisch **rasiert** und **zieht sich** jetzt **um**. Er **fragt sich**, ob Jenny auch so nervös ist wie er. Er **kämmt sich** die Haare, **parfümiert sich**, **setzt sich** dann in sein Auto und fährt zur Konditorei. Er **ärgert sich**: die Konditorei ist zu! Er **erinnert sich** an ein Blumengeschäft in der Kleingasse und kauft dort zwölf weiße Rosen.

Dann **treffen** sie **sich** endlich. Sie **unterhalten sich** lange beim Essen, und gehen dann am Rhein entlang spazieren. Bevor sie **sich verabschieden**, **nehmen sich** Jenny und Mario **vor**, **sich** wiederzu**sehen**.

sich betrachten: osservarsi
das Badezimmer - : bagno
sich duschen: fare la doccia
sich schminken: truccarsi
sich frisieren: pettinarsi
sich erlauben: permettersi
sich vorstellen: immaginarsi
sich vorbereiten: prepararsi
sich rasieren: radersi
sich umziehen: cambiarsi

ob: se
nervös: nervosa
sich kämmen: pettinarsi
die Konditorei -en: pasticceria
sich ärgern: arrabbiarsi
zu sein: essere chiusi (porta, locale ecc.)
weiß: bianco
sich unterhalten: chiacchierare
sich vornehmen: impegnarsi a

La declinazione del pronome riflessivo corrisponde a quella del pronome personale, salvo che per la terza persona, in cui c'è sempre *sich*. La presenza del pronome ricorda che l'azione del verbo si riflette sul soggetto. I pronomi riflessivi hanno una **forma** per l'**accusativo** e una per il **dativo**, come illustrato nella tabella:

I pronomi riflessivi					
Akkusativ	mi**ch**	di**ch**	sich	uns	euch	sich
Dativ	mi**r**	dir	sich	uns	euch	sich

Il verbo riflessivo viene coniugato al passato con l'**ausiliare haben**; generalmente si utilizza il pronome all'**accusativo**.

*Du ärgerst **dich** über Sandra.* Ti arrabbi con Sandra.

Il pronome al **dativo** si usa invece nei casi in cui il verbo riflessivo regge un complemento oggetto.

*Du stellst **dir die Szene** vor.* Ti immagini la scena.

Ich kaufe **mir ein Buch**. Mi compro un libro.

 Bilde Sätze mit Reflexivpronomen
Jenny (sich kämmen) lange. Jenny **kämmt sich** lange.
Martha (sich umziehen).
Sie (sich freuen) über das Geschenk.
Ihr (sich erlauben) noch ein Bier.
Herr und Frau Rossi (sich kaufen) ein Auto.
Wir (sich wünschen) eine Kamera.

Nella **costruzione della frase**, il **pronome riflessivo** si colloca dopo il verbo. Nel caso dell'**inversione**, il **pronome precede** il soggetto **solo se** quest'ultimo è un **sostantivo**; in caso contrario lo segue.

Maria hat **sich** heute geschminkt. Maria oggi si è truccata.

Heute hat **sich Maria** geschminkt. <u>aber</u>: Heute hat **sie sich** geschminkt.

 Bilde Sätze mit Reflexivpronomen und Umstellung
Heute Jenny (sich kämmen) lange. Heute **kämmt sich** Jenny lange.
Abends Martha (sich umziehen).
Jetzt sie (sich freuen) über das Geschenk.
In der Kneipe ihr (sich erlauben) noch ein Bier.
Nächste Woche Herr und Frau Rossi (sich kaufen) ein Auto.
Zu Weihnachten wir (sich wünschen) eine Kamera.

8.3 L'aggettivo predicativo (Prädikatives Adjektiv)

Mario geht in die Reiseagentur

Mario: Ist die Schlange **lang**?

Dame: Nein, die Schlange ist **kurz**.

Mario: Ich brauche einen Flugschein nach New York für Juli. Ist der Flugschein sehr **teuer**?

Angestellter: Der Flugschein ist ziemlich **teuer**. Er kostet 900 Euro. Aber es gibt ein Sonderangebot. Das Angebot ist **gut**. Der Flugschein kostet nur 600 Euro.

Mario: Gut. Der Flugschein ist **billig**. Ich kaufe ihn. Ist das Wetter jetzt **kalt** in New York?

Angestellter: Ja, jetzt ist es in New York **kalt**. Aber im Juli ist das Wetter auch dort **warm**.

die Reiseagentur -en: agenzia di viaggi	*kosten*: costare / assaggiare
die Schlange -en: coda	*das Sonderangebot -e*: offerta speciale
lang: lungo	*das Angebot -e*: offerta
kurz: corto	*gut*: buono
der Flugschein -e: biglietto aereo	*billig*: economico
Juli: luglio	*das Wetter*: tempo
teuer: costoso	*kalt*: freddo
	warm: caldo

A differenza dell'italiano, in tedesco c'è una notevole distinzione tra l'uso predicativo dell'aggettivo – *prädikativer Gebrauch des Adjektivs* – e quello attributivo – *attributiver Gebrauch des Adjektivs* –.

L'aggettivo è **predicativo** quando:

• unito al verbo *sein* e ad altri verbi copulativi (ad es. *werden* – diventare, *bleiben* – rimanere) costituisce il predicato nominale della proposizione. In questo caso **non** si declina in accordo con il genere e il numero del soggetto come invece avviene in italiano.

*Mario **ist froh**.* Mario è felice.

*Klara und Peter **sind höflich**.* Klara e Peter sono gentili.

*Die Großmutter **wird alt**.* La nonna è anziana.

Alcuni aggettivi sono costruiti con una preposizione che regge l'accusativo. Ecco i più frequenti:

*Hans ist **böse auf** sie.* Hans è arrabbiato con lei.

*Der Vater ist **stolz auf** die Kinder.* Il padre è orgoglioso dei bambini.

*Anna ist **froh über** das Geschenk.* Anna è felice del regalo.

*Hans ist **dankbar für** den Sekt.* Hans è grato per lo spumante.

La tabella riassume quanto detto sopra:

der Sohn		il figlio è piccol**o**
die Tochter	**ist klein**	la figlia è piccol**a**
das Kind		il bambino è piccol**o**
die Söhne		i figli sono piccol**i**
die Töchter	**sind klein**	le figlie sono piccol**e**
die Kinder		i bambini sono piccol**i**

Bilde Sätze mit Adjektiven

Der Wein ist **gut**, aber die Milch ist **schlecht**.

1. (interessant; langweilig)	Buch; Zeitung
2. (klein; groß)	Geschäft; Supermarkt
3. (froh; böse)	Verkäufer; Verkäuferin
4. (teuer; billig)	Flugschein; Zugkarte
5. (jung; alt)	Student; Lehrer
6. (fleißig; faul)	Schüler; Schülerin
7. (laut; leise)	Musik; Stimme

8.4 Aggettivo attributivo (Attributives Adjektiv)

Die große Buchhandlung

Frau und Herr Rossi gehen in **eine große Buchhandlung**. Sie suchen dort **ein interessantes Buch** für **einen alten Familienfreund**. Aber **der alte Familienfreund** hat schon **viele interessante** Bücher.

Dort steht **ein junger Verkäufer**. Sie fragen **den jungen Verkäufer**: "Gibt es **ein neues, interessantes Buch**?". **Der junge Verkäufer** antwortet: "Ja, **das neue Buch** von Günther Grass ist interessant und auch preiswert!". Frau Rossi sucht auch **italienische Bücher**. Sie fragt **die junge Verkäuferin**: "Haben Sie **das letzte Buch** von Eco?" "Tut mir leid! **Die neuen Bücher** von Eco sind leider ausverkauft" antwortet **die junge Verkäuferin**.

die Buchhandlung -en: la libreria

alt/jung: vecchio/giovane

der Familienfreund -e: l'amico di famiglia

Günther Grass: autore tedesco che nel 1999 ha vinto il Nobel per la letteratura con

il romanzo *Mein Jahrhundert* trad. it 'Il mio secolo'

preiswert: economico

tut mir leid: mi dispiace

stehen: stare (in piedi)

leider: purtroppo

ausverkauft: esaurito

	Singular			Plural
	Maskulin	**Feminin**	**Neutrum**	
N.	der alte Mann	die junge Frau	das kleine Kind	die neuen Hefte
	ein alter Mann	eine junge Frau	ein kleines Kind	neue Hefte
A.	den alten Mann	die junge Frau	das kleine Kind	die neuen Hefte
	einen alten Mann	eine junge Frau	ein kleines Kind	neue Hefte

La declinazione degli aggettivi presentata nella tabella precedente si riferisce agli aggettivi di nomi con articoli determinativi e indeterminativi, ai casi di nominativo e accusativo. Per una trattazione più completa si rimanda al 14.

L'aggettivo attributivo precede sempre il sostantivo di riferimento e viene declinato secondo il genere e il numero di questo.

Alcuni aggettivi, per motivi di pronuncia, perdono una lettera del tema quando vengono declinati (la desinenza invece non cambia). Per esempio:

dunkel – ein dunkles Kleid
teuer – der teure Ring
anders – andere Fragen
hoch – hohe Kosten
links/rechts – linke und rechte Seiten

 Bilde Sätze mit den Adjektiven
Ich kaufe ein Kleid (neu). Ich kaufe ein **neues** Kleid.
Der Mann (alt) ist mein Vater.
Kinder (klein) brauchen Hilfe.
Wir haben ein Haus (groß).
Nächste Woche kaufen sich Herr und Frau Rossi ein Auto (neu).
Jenny freut sich über die Bluse (neu, gelb).
Mario und Sandra sind Freunde (alt, gut).
Frau Rossi sucht Blumen (frisch).
Ein Schüler kommt in die Klasse (erst).
Erika zieht ein Kleid (weiß) an.
Ich nehme den Bus (letzt).
Liebe (stark) macht blind.

Ergänze die Adjektive

Herr Reich geht heute einkaufen. Er sucht ein (weiß) .... Hemd, eine (elegant) .... Krawatte, (braun) .... Schuhe, eine (dunkel) .... Hose, ein Paar (schön) .... Handschuhe und ein (teuer) .... Geschenk für seine (neu) .... Freundin. Auf einmal sieht er ein (jung, hübsch) .... Mädchen. Er lädt sie in ein (schick) .... Café ein und kauft ihr einen (groß) .... Strauß Rosen. Die beiden gehen zusammen ins Kino und dann in ein (fein) .... Restaurant. Herr Reich hat heute wirklich (gut) .... Laune. Hoffentlich hat er auch eine (gut) .... Kreditkarte!

Schreibe einer Freundin /Freund eine *E-mail* nach dem Modell

Hallo Petra! Wie geht es dir? Wir haben uns lange nicht mehr gesehen. Ich arbeite seit einigen Monaten in der Computerabteilung einer Firma in Turin; ich fahre nur am Wochenende nach Hause. Hast du dein Studium beendet?

usw.

! **kennenlernen**: verbo (irr.) che descrive il *processo* di fare conoscenza.
*Ich **lerne** ihn **kennen***: faccio la sua conoscenza. *Ich **habe** ihn **kennengelernt*** (pass. pross.): ho fatto la sua conoscenza.
kennen: conoscere.
*Ich **kenne** ihn jetzt*: adesso lo conosco. *Ich **habe** ihn vorher nicht **gekannt***: prima non lo conoscevo.

9.1 Il preterito (Das Präteritum)

Die Berliner Mauer

Anfang der 50er Jahre **war** die DDR ein totalitär regierter Staat. Als politisches Glaubensbekenntnis **galt** die Lehre der UdSSR und gegenteilige Meinungsäußerungen **wurden** strafrechtlich verfolgt. Die Verwaltung der Stadt Berlin **war** schon seit Ende des Zweiten Weltkriegs **gespaltet**, aber die Menschen **konnten** sich noch frei zwischen den beiden Sektoren bewegen. Die wirtschaftlichen Voraussetzungen in der DDR **wurden** aber mit der Zeit ungünstig.

Die Wut und Enttäuschung der Einwohner **brach** im Juni 1953 aus: Sowjetische Panzer **erdrückten** den Arbeiteraufstand, sogar Polizisten und Zivilpersonen **wurden** getötet. Viele Flüchtlinge **kamen** nach Westberlin und **flüchteten** in die Bundesrepublik. Es **kam** zu einer "Berlinkrise". Am 13. August 1961 **riegelten** bewaffnete Streitkräfte der DDR die Grenze zwischen dem West- und dem Ostsektor **ab**: von nun an, **waren** Ost-Berlin und die DDR völlig vom Westteil **abgeschlossen**. Der Berliner Mauer wurde errichtet. Das **brachte** nicht wenige Probleme mit sich: Familien und Freunde **wurden** getrennt, und die meisten Kommunikationsmittel, wie z.B. die Telefonverbindungen, **wurden abgeschafft**.

die Berliner Mauer: il muro di Berlino

50er Jahre: anni '50
das Glaubensbekenntnis -e: credo ideologico
gelten: valere
gegenteilig: contrario
die Meinungsäußerung -en: opinione
strafrechtlich verfolgen: perseguitare penalmente
die Verwaltung -en: amministrazione
das Ende -n: fine
spalten: dividere
die Voraussetzung- en: presupposto
ungünstig: sfavorevole
sich bewegen: muoversi
die Wut: rabbia
die Enttäuschung -en: delusione
die Einwohner -: abitante
der Panzer -: carrarmato
erdrücken: reprimere
der Arbeiteraufstand ¨-e: rivolta popolare
der Polizist -en: poliziotto

die Zivilperson- en: civili
töten: uccidere
der Flüchtling -e: fuggiasco
flüchten: fuggire
die Bundesrepublik Deutschland (BRD): Repubblica Federale Tedesca
die Deutsche Demokratisce Republik (DDR): Rep. Democratica Tedesca
die Krise -n: crisi
abriegeln: sbarrare
völlig: totalmente
abschließen: chiudere
trennen: separare
die meisten: la maggior parte
das Kommunikationsmittel -: mezzo di comunicazione
die Telefonverbindung -en: collegamento telefonico
abschaffen: abolire

Il **Präteritum** tedesco rende sia l'imperfetto sia il passato remoto italiano e viene usato sia come tempo di narrazione, sia per riferire fatti avvenuti in passato e già conclusi. Nelle tabelle seguenti viene illustrata la formazione del preterito.

Alla radice dei verbi deboli si aggiungono le desinenze	
-te	ich spiel-**te**
-test	du spiel-**test**
-te	er spiel-**te**
-ten	wir spiel-**ten**
-tet	ihr spiel-**tet**
-ten	sie spiel-**ten**

Nei verbi con radici che terminano in -d, -t, -m, -n, precedute da una consonante (che non sia -r o -l), si aggiunge una "e" eufonica prima della desinenza.

*öffnen – öffn**ete**; reden – red**ete**.*

I verbi con prefissi separabili si comportano al preterito come al presente.

mit**machen – er machte **mit (partecipare).

La radice dei verbi forti si modifica[1] e si aggiungono le desinenze	
-	ich traf
-st	du traf-**st**
-	er traf
-en	wir traf-**en**
-t	ihr traf-**t**
-en	sie traf-**en**

1. L'elenco dei verbi verbi forti con le forme modificate al preterito si trova in appendice.

Nei verbi con radice in -t e -d si aggiunge una 'e' eufonica prima delle desinenze -**st** e -**t**.

*finden – du fand**est**; ihr fand**et***

I verbi con prefissi separabili si comportano al preterito come al presente.

aus**steigen – ich stieg **aus

weg**laufen – ich lief **weg

nach**denken – ich dachte **nach

ab**schreiben – ich schrieb **ab

Nei verbi *misti* (*gemischte Verben*), nei verbi *modali* e nel verbo *wissen* il participio si forma come nei verbi deboli, ma la radice viene modificata (eccetto in *sollen* e *wollen*, che la conservano inalterata).

*bringen – ich brach-**te**; du brach-**test**...*

*denken – ich dach-**te**; du dach-**test**...*

*müssen – ich muss-**te**; du muss-**test**...*

*können – ich konn-**te**; du konn-**test**...*

*wissen – ich wuss-**te**; du wuss-**test**...*

Nel caso dei verbi ausiliari il preterito è generalmente preferito al perfetto.

	Il preterito degli ausiliari *haben* e *sein*	
ich	**hatte**	**war**
du	**hattest**	**warst**
er/sie/es	**hatte**	**war**
wir	**hatten**	**waren**
ihr	**hattet**	**wart**
sie	**hatten**	**waren**

Setze ins Präteritum

Ich **mache** die Aufgabe. Ich **machte** die Aufgabe

Marta diskutiert mit Karl.

Klara sucht ein Geschenk.

Marco erklärt alles dem Vater.

Wir fragen Peter.

Ben liebt Anna.

Peter schaltet das Licht aus.

Schwester Maria betet jeden Abend.

Setze ins Perfekt

Er **sitzt** im Zug. Er **hat** im Zug **gesessen**.

Ich finde keine Zeit.

Juan schläft bis Mittag.

Was tun wir?.

Marco verliert das Geld.

Frau Rot zieht den Mantel an.

Wir fahren morgen nach Berlin.

Setze ins Präteritum

Ich **bringe** die Tasche. Ich **brachte** die Tasche.

Er kann die Antwort nicht.

Was tun sie?

Was will er?

Maria denkt lange nach.

Ich habe Glück und bin froh darüber.

Er erkennt sie sofort.

Weiß er, wo der Dom ist?

Frau Rossi denkt an ihren Mann.

Anna und ihre Schwester spielen gerne zusammen.

Wann fängt die Schule an?

9.2 Il Piuccheperfetto (Das Plusquamperfekt)

Die deutsche Einigung

Die DDR **war** bis 1989 das Gebiet **gewesen**, wo die UdSSR am meisten ihre Kontrolle **ausgeübt hatte**. Ungarn **hatte** aber 1989 die Grenzen zum Westen **geöffnet** und viele Einwohner der DDR und Ostberlins **waren** im September 1989 über Ungarn in den Westen **geflüchtet**. Deswegen **hatte** die Kommunistische Partei eines Tages **beschlossen**: die Berliner Mauer soll abgebaut werden. Diese Nachricht wurde mit großer Freude aufgenommen. Damit **hatte** die endgültige Abschaffung der Berliner Mauer **begonnen**. Nach 28 Jahren **konnten** die Ost-Berliner wieder in den Westen der Stadt **fahren**. 1990 **war** auch die deutsche Einigung **durchgeführt**. Seitdem feiern die Deutschen jedes Jahr am 3. Oktober ihre Wiedervereinigung.

die Einigung -en: l'unificazione, unione	*die Nachricht -en*: notizia
das Gebiet -e: territorio	*die Freude -n*: gioia, felicità
die Kontrolle -n: controllo	*aufnehmen*: accogliere
ausüben: esercitare	*endgültig*: definitivo
Ungarn: Ungheria	*die Abschaffung -en*: abolizione
die Grenze -n: confine, frontiera	*durchführen*: effetuare
abbbauen: demolire, smantellare	

Il *Plusquamperfekt* traduce sia il trapassato prossimo, sia il trapassato remoto dell'italiano. Al participio del verbo si unisce il preterito dell'ausiliare. La scelta di quest'ultimo è analoga a quello del Perfekt. Il participio si colloca in fondo alla proposizione.

Come si forma il *Plusquamperfekt*?

Con il **preterito** dell'ausiliare *haben* o *sein* e il **participio passato** del verbo.

Ich **hatte** noch nichts **gekauft**. Non avevo comprato ancora niente.

Frau und Herr Mayer **hatten** den Film nicht **gesehen**.

La signora e il signor Meyer non avevano visto il film.

Setze ins Plusquamperfekt

<u>Heute</u>: Maria **kauft** nicht **ein**. Sie **hat** ihr Geld **vergessen**.
<u>Letzte Woche</u>: Maria **kaufte** nicht **ein**. Sie **hatte** ihr Geld **vergessen**.
Ich mache keine Prüfung. Ich bin krank gewesen.
Wir müssen in die Klasse. Der Unterricht hat begonnen.
Sie helfen ihm. Sie haben alles gelernt.
Jürgen ist satt. Er hat viel gegessen.
Martha ist müde. Sie hat wenig geschlafen.
Peter wird dreißig. Er hat am Wochenende schon gefeiert.
Der Patient soll nicht aufstehen. Er ist krank gewesen.
Der Mann steigt in den Zug ein. Er hat den Bus verpasst.

 Übersetze den Text ins Deutsche

Nel XII secolo lo sviluppo dei Comuni in Italia fu molto rapido. Il mar
Mediterraneo era infatti il centro del traffico economico tra i paesi. Gli scambi
commerciali diventarono sempre più forti: l'Italia si trovò in una posizione
molto favorevole, sorsero banche, attività artigianali. Allo sviluppo
economico seguirono cambiamenti sociali e culturali: si tratta dell'inizio del
Rinascimento.

Glossar sviluppo: *die Entwicklung -en*; traffico: *der Verkehr -s*; scambio: *der
Austausch -e*; posizione: *die Lage -n*; sorgere: *entstehen*; artigianale:
handwerklich; attività: *die Tätigkeit -en*; cambiamento: *die Änderung -en*;
sociale: *sozial*; inizio: *der Beginn*; culturale: *kulturell*; si tratta: *es handelt
sich*; Rinascimento: *die Renaissance*

Im zwölften Jahrhundert war die Entwicklung

. . . .
. . . .
. . . .
. . . .
. . . .
. . . .
. . . .

9.3 I pronomi dimostrativi (Demonstrativpronomen)

Eine Stadtrundfahrt in Berlin

Blanca verbringt ihre Weihnachtsferien in Berlin. Sie hat **diesen** Morgen ein
deutsches Mädchen kennengelernt, Beate. Beate lebt in Berlin und arbeitet in
der Schule. Die beiden Mädchen wollen **diesen** Nachmittag zusammen das
Zentrum der Stadt besichtigen. Blanca schaut in einen Reiseführer und fragt
Beate nach Auskunft.

Blanca:Was ist **das hier** auf **diesem** Bild?

Beate:**Das ist** das *Brandenburger Tor*. Es wurde zwischen 1788 und 1791 gebaut. **Dieses** Tor ist heute ein Nationaldenkmal, Symbol für die deutsche Einheit. **Diese hier** ist die Straße "*Unter den Linden*". Man kann dort lange **hin** und **her** spazieren. In Sichtweite sind das Parlaments- und Regierungsviertel.

Blanca:Und was ist **das da**?

(Blanca zeigt auf den Stadtplan).

Beate:**Diese** ist die *Freie Universität Berlin*. An **derselben** Uni habe ich für vier Semester studiert! Hier kannst du den *Alexanderplatz* sehen, **dessen** Mittelpunkt die *Weltzeituhr* ist.

Blanca:Was ist noch von Interesse? Ein Museum vielleicht?

Beate:Das *Ägyptische Museum* ist sehenswert. **Das Gleiche** kann man von der Akademie der Künste sagen; **im selben** Stadtteil ist außerdem der Tiergarten. Du musst selber entscheiden, was dich am meisten interessiert.

Blanca:Gut. Ist **das** die *Staatsoper*?

Beate:Genau. Wir können am Samstag **hin**gehen. Und sieh **her**! **Das** ist das *Bertolt-Brecht-Haus*. Brecht ist ein berühmter Schriftsteller... . *Die Dreigroschenoper*, *Leben des Galilei*: **diese** sind seine bekanntesten Werke.

Blanca:Ich habe gelesen, dass auch die *Gedächtniskirche* und der *Potsdamer Platz* sehenswert sind. Wann **fahren** wir **hin**?

Beate:Heute nicht mehr. Ich glaube, wir haben keine Zeit. Fahren wir gleich los? Sonst wird es spät.

Blanca:**Das** stimmt! Fahren wir also.

verbringen: trascorrere	*das Museum -en*: museo
der Reiseführer -: guida turistica	*sehenswert*: da vedere
die Auskunft ¨-e: informazione	*die Akademie -n*: accademia
das Tor -e: portone/portale	*die Kunst ¨-e*: arte
das Nationaldenkmal ¨-er: monumento nazionale	*der Stadtteil -e*: parte della città
das Symbol -e: simbolo	*außerdem*: inoltre
die Einheit -en: unione	*der Tiergarten*: giardino zoologico
in Sichtweite -n: a vista d'occhio	*entscheiden*: decidere
hin und her: avanti e indietro	*die Staatsoper -n*: teatro dell'opera
die Regierung -en: governo	*guck her*: guarda qua
das Viertel -: il quartiere	*berühmt*: famoso
zeigen: indicare	*der Schriftsteller -*: scrittore
der Stadtplan ¨-e: pianta della città	*bekannt*: conosciuto
das Semester -: semestre	*das Werk -e*: opera
das Hauptgebäude -n: edificio principale	*losfahren*: partire

Il pronome dimostrativo **dieser** significa 'questo/questa', mentre **jener** significa 'quello/quella'. Quest'ultimo viene tuttavia usato molto raramente.

	Singular			Plural
	Maskulin	**Feminin**	**Neutrum**	
Nominativ	dieser/jener	diese/jene	dies(es)/jenes	diese/jene
Akkusativ	diesen/jenen	diese/jene	dies(-es)/jenes	diese/jene
Dativ	diesem/jenem	dieser/jener	diesem/jenem	diesen/jenen
Genitiv	dieses/jenes	dieser/jener	dieses/jenes	dieser/jener

Gli articoli determinativi *der*, *die*, *das* sono utilizzati come dimostrativi, spesso con i rafforzativi *hier*, *dort*, *da*.

*Was ist **das** da?   Kaufst du **den hier** oder **die dort**?*

La forma '*das*' è inoltre usata nel senso di '*questo*', '*ciò*', riferito ai sostantivi di ogni genere, e non deve essere confusa con il neutro dell'articolo determinativo.

*Ist **das** die Staatsoper?Ja, **das** stimmt.*

*Was ist **das** da? **Das** ist das Bertolt-Brecht-Haus.*

	Singular			Plural
	Maskulin	**Feminin**	**Neutrum**	
Nominativ	der	die	das	die
Akkusativ	den	die	das	die
Dativ	dem	der	dem	den
Genitiv	dessen	deren	dessen	deren

Altri pronomi dimostrativi

derselbe, *dieselbe*, *dasselbe*/*der gleiche*, *das gleiche*, *die gleiche* significano 'lo stesso'. Si usa con la locuzione *wie* (nel caso di paragoni) e sono declinati come i pronomi dimostrativi illustrati nella tabella precedente.

*Beate hat **denselben**/**den gleichen** Reiseführer **wie** Blanca.*

Das gleiche kann man von der Akademie der Künste sagen.

Se sono preceduti da preposizioni come *zu*, *in*, *von* ecc., possono essere scritti in una forma contratta.

In demselben Stadtteil ist der Zoo. Im selben Stadtteil ist der Zoo.

*Wir kommen **von dem gleichen** Dorf. Wir kommen **vom gleichen** Dorf.*

 Ergänze die Demonstrativpronomen

D...... Bluse ist schön, aber ...... dort ist noch schöner.

Kennst du Blanca und Beate? Mit ...... war ich gestern im Tiergarten.

Fährst du mit deinem Auto? Nein, mit ...... der Firma.

Kommt Ina mit ins Theater? Nein, ... gefällt Theater wohl nicht sehr.

...... Kuchen schmeckt besser als der andere.

Ich habe .... Pullover wie du.

 Bilde Sätze mit Demonstrativpronomen

Wie findest du **diese** Bluse? **Diese** Bluse finde ich schön, **die** ist auch preiswert.

Kassette/toll/neu	Party/lustig/bunt
Film/interessant/spannend	Kleid/elegant/lang
Lehrer/gut /nett	Junge/hübsch/sportlich

9.4 Gli avverbi '*hin*' e '*her*'

Hin (là) e *her* (qui) si utilizzano per indicare la direzione, rispettivamente di moto a luogo o moto da luogo.

*Kommt **her**! Vater ruft und das Kind geht **hin**. Karsten schaut **hierher**.*

Hin e *her* possono essere aggiunti sia ai pronomi interrogativi sia ad alcune preposizioni o locuzioni, modificandone il significato.

*Er legt die Kleider in den Schrank **hin**ein.*

Mette gli abiti dentro all'armadio.

*Martin steigt in den Keller **hin**unter.*

Martin scende giù in cantina.

*Wo**her** nimmt er das Buch? Er nimmt das Buch aus der Tasche **her**aus.*

Da dove estrae il libro? Estrae il libro dalla borsa.

*Der Regen fällt vom Himmel **her**ab.*

La pioggia cade giù dal cielo.

10.1 La costruzione delle proposizioni subordinate (Die Nebensätze)

Zeitungen, Zeitschriften und Magazine

Letztes Jahr mußte Pablo während der Ferien lernen, **weil** er im darauffolgenden Semester einen Journalismus-Kurs besuchen wollte. **Bevor** der Kurs begann, musste er unbekannte deutsche Wörter aus der Presselandschaft lernen.

Anfangs kaufte er jeden Tag am Kiosk eine Tageszeitung und ein Modemagazin, **so dass** er sie mit aller Ruhe zu Hause analysieren konnte. Doch dann überlegte er sich, **dass** er auch eine Wochenzeitschrift regelmäßig lesen sollte! **Da** er aber auch langsam faul wurde, machte er drei Probeabos: eins für jedes Exemplar. **Wenn** die neue Ausgabe täglich oder wöchentlich herauskam, bekam er sie direkt nach Hause zugesendet!

Bei seiner Analyse stellte er vorerst fest, **dass** die Tageszeitung und die Wochenzeitschrift aus sechs Rubriken bestanden: Innenpolitik, Außenpolitik, Wirtschaft, Kulturrubrik, Lokalteil, Sport. **Dass** Politik, Wirtschaft und oft auch Kultur im Modemagazin kein Platz fanden, war selbstverständlich.

Nachdem er die Struktur im Allgemeinen untersucht hatte, konzentrierte er sich auf die Schlagzeilen und auf einzelne Artikel.

Als dann das Semester anfing, hatte Pablo sich für die Lektüre begeistert und verlängerte das Zeitschriftenabonnement für ein Jahr!

die Zeitschrift -en: periodico
das Magazin -e: rivista
unbekannt: sconosciuto
die Presselandschaft:: paesaggio della stampa
der Kiosk -s: edicola
die Tageszeitung -en: quotidiano
die Ruhe -n: calma
faul: pigro
die Probe -n: prova
das Abo -s: (Kurzform von Abonement) abbonamento
die Ausgabe -n: edizione
herauskommen: uscire
direkt: direttamente

zugesendet: spedito
vorerst: in primo luogo
feststellen: constatare
die Innnenpolitik: politica interna
die Außenpolitik: politica estera
die Wirtschaft -en: economia
der Lokalteil -e: cronaca locale
selbstverständlich: ovvio
im Allgemeinen: in generale
untersuchen: esaminare
die Schlagzeile -n: titolo
einzeln: singolo
die Lektüre -n: la lettura
sich begeistern: appassionarsi
verlängern: rinnovare

Le proposizioni secondarie hanno molte caratteristiche in comune:
• sono sempre introdotte da una **congiunzione** o da un pronome;

*Nach dem Abendessen geht Jan gleich nach Hause, **weil** er müde ist.*

Dopo cena Jan va subito a casa, perché è stanco.

- il **verbo coniugato** è collocato all'**ultimo posto** e il soggetto segue immediatamente la congiunzione (nel caso siano presenti dei pronomi, valgono le regole di sequenza nella frase esposte nel capitolo 7);

  *Er geht mit seinem Hund spazieren, **bevor es regnet**.*

  Va a passeggio con il suo cane prima che piova.

- possono sia precedere sia seguire la proposizione principale;

  ***Obwohl er sehr müde ist**, geht er noch mit den Freunden tanzen.*

  *Er geht noch mit den Freunden tanzen, **obwohl er sehr müde ist**.*

  Nonostante sia molto stanco va ancora a ballare con gli amici.

- sono sempre separate dalla proposizione principale mediante una **virgola**, posta prima della congiunzione;

  *Sie glaubt, **dass** sie heute Abend nicht ins Kino kommen kann.*

  Crede di non poter venire al cinema stasera.

- nel caso di **verbi separabili**, il prefisso resta insieme al tema del verbo;

  *Heute Abend kann er nicht mitkommen, **weil** er am Nachmittag **abfährt**.*

  Stasera non può venire con noi, perché parte nel pomeriggio.

- anche se il **soggetto** della principale e della secondaria coincidono, esso viene ripetuto nella secondaria, subito dopo la congiunzione;

  *Obwohl **sie** jeden Tag viel arbeitet, hat **sie** immer Zeit zum Bücherlesen.*

  Nonostante ogni giorno lavori molto, ha sempre tempo per leggere.

- se precedono la proposizione principale, questa subisce l'**inversione** di soggetto e verbo.

  ***Du bist** nervös, **jedesmal wenn** du eine Prüfung hast.*

  ***Jedesmal wenn** du eine Prüfung hast, **bist du** nervös.*

  Ogni volta che hai un esame sei nervoso.

 Ergänze mit weil, obwohl, wenn, als, ob, dass

1. Ich esse immer gerne Pizza, ... sie mir sehr gut schmeckt.
2. ...... meine Haare noch kurz sind, gehe ich morgen zum Friseur.
3. ...... er in Italien war, besichtigte er viele schöne Städte.
4. Morgens stehe ich nur auf,......der Kaffee schon fertig ist.
5. ...... du bald Ferien hast, können wir unseren Urlaub planen.
6. ...... wir mit der Arbeit fertig sind, gehen wir Abendessen.
7. Ich möchte noch das Haus putzen, ... die Gäste kommen.
8. Im Sommer war ich in Italien, ... ich die Sprache lernen musste.
9. Ihre Mutter sagt immer, ... sie ein unordentlicher Mensch ist.
10. Heute arbeitet ihr viel, ... ihr morgen frei habt.
11. ...... die italienische Fußballmannschaft gewinnt, ist nicht sicher.

10.2 Le proposizioni secondarie introdotte da *dass* (Dass – Sätze)

Aus der Wissenschaftsrubrik: Elektrosmog und Wellensalat

Es ist nun Tatsache, **dass** der Elektrosmog immer mehr zunimmt. Man kann beobachten, **dass** zu jedem modernen Haushalt heutzutage ein schnurloses Telefon, eine Mikrowelle und oft eine Einbruchssicherung gehören. **Dass** der moderne Mensch viel unterwegs ist, hat zur Folge, **dass** er überall und schnell durch ein Handy erreichbar sein muss. Es ist außerdem offensichtlich, **dass** fast jeder heutzutage ein Handy in der Tasche hat und es auch andauernd benutzt.

Dass aber der Elektrosmog von schnurlosen Telefonen, Mikrowellen, Einbruchsystemen und Handys sich schädlich auf die Gesundheit der Menschen auswirkt, kann noch niemand genau sagen. Es ist nur bekannt, **dass** es Elektrosmog-Grenzwerte gibt. Fachleute behaupten, **dass** nichts passieren kann, solange man sich in der Industrie daran hält.

der Elektrosmog: smog elettrico	*überall*: dappertutto
der Wellensalat -e: insalata di onde	*erreichbar*: raggiungibile
die Tatsache -n: dato di fatto	*die Folge -n*: conseguenza
zunehmen: aumentare	*das Handy -s*: telefono cellulare
beobachten: osservare	*die Gesundheit -en*: salute
der Haushalt -e: nucleo familiare	*auswirken*: influire
heutzutage: oggigiorno	*niemand*: nessuno
schnurlos: senza filo	*genau*: di preciso
die Mikrowelle -n: microonde	*der Grenzwert -e*: i valori limite
die Einbruchsicherung -en: dispositivo d'allarme	*die Fachleute*: tecnici
	passieren: succedere
der Grund ¨-e: motivo	*solange*: finché

Le proposizioni secondarie soggettive e oggettive sono introdotte in tedesco dalla congiunzione ***dass*** (che) e rappresentano rispettivamente il soggetto e il complemento oggetto della proposizione principale.

Dass *ihr müde seid, ist kein Wunder* (soggettiva).

Du sagtest, ***dass*** *dir das Essen gut schmeckte* (oggettiva).

Verbinde die Sätze mit *dass*

1. Du fährst nächstes Jahr nach Rom. *Das* ist sicher.
2. *Es* ist sicher, *dass* du nächstes Jahr nach Rom fährst.
3. Der Zug kommt um 19 Uhr. Es steht auf dem Fahrplan.
4. Ich darf kein Fleisch essen. Der Doktor hat es gesagt.
5. Die Computer-Messe findet immer in Hannover statt. Das weisst du.
6. Heute gibt es einen Generalstreik. Es stand in der Tageszeitung.
7. Auspuffgase sind schädlich. Es ist bekannt.
8. Die Ruhr ist ein Industriegebiet. Unsere Lehrerin erklärte es gestern.

10.3 Le proposizioni secondarie causali (Kausalsätze)

Aus dem Rundfunk

Da Pablo mit der Presseanalyse fertig war, konzentrierte er sich auf das Radio. Er musste vorerst am Radio herumdrehen, **weil** es noch nicht auf einen bestimmten Sender eingestellt war. Er hörte dann den Wetterbericht:

"Das Wetter heute:

Da Ausläufer eines Mittelmeertiefs heute noch das Wetter in Bayern bestimmen, bleibt es in Süddeutschland und in Alpennähe meist stark bewölkt. In Nordseenähe fällt noch Regen, **weil** über den Nordwesten im Tagesverlauf dichte Wolkenfelder ziehen."

Als der Wetterbericht fertig war, gab es Nachrichten. Pablo hörte immer gerne zu, **weil** er an Politik und Wirtschaft interessiert war. **Da** er aber morgens müde war und sich nicht sehr gut konzentrieren konnte, hörte er sie nochmal am Nachmittag. Nach den Nachrichten wurden auch meist die Sportnachrichten übertragen!

der Rundfunk -s: radio, radiodiffusione	*meist*: per lo più
anschalten: accendere	*stark*: fortemente
herumdrehen: girare le manopole	*bewölkt* : nuvoloso
bestimmt: determinato	*die Nordsee*: mare del nord
der Sender -: stazione	*der Regen -*: pioggia
einstellen: sintonizzare	*fallen*: cadere
der Wetterbericht -e: bollettino metereologico	*der Nordwesten*: nord-ovest
der Ausläufer -: propaggine	*im Tagesverlauf*: nel corso del giorno
das Tief -e: (Geo.) depressione	*dicht*: denso
Bayern: Baviera	*das Wolkenfeld -er*: campo nuvoloso
bestimmen: determinare	*ziehen*: passare
in Alpennähe: in vicinanza delle Alpi	*die Nachricht -en*: notizie (Pl. notiziario)

La proposizione causale è introdotta da **weil** o **da** (poiché, siccome, dato che). Tuttavia, a una domanda diretta introdotta da *warum……?* si può rispondere solo con *weil*. **Da** invece si usa generalmente quando la proposizione secondaria precede quella principale.

> *Warum weinst du? Weil ich traurig bin.* Perché piangi? Perché sono triste.
> *Da er krank ist, bleibt er zu Hause.* Poichè è malato, rimane a casa.

 Weil oder **da**?

1. …… ich Schnupfen habe, bleibe ich zu Hause.
2. Hans ging gestern ins Kino, …… es einen Film von Spielberg gab.
3. Sie brachte das Auto zum Mechaniker, …… es einen Schaden hatte.
4. …… es gestern Generalstreik gab, ging ich zu Fuß zur Arbeit.
5. Wir lesen täglich die Tageszeitung, …… wir informiert sein wollen.

10.4 Le proposizioni secondarie temporali (Temporalsätze)

Was läuft im Fernsehen?

Nachdem Pablo auch die Sportnachrichten gehört hatte, schaltete er das Radio aus und nahm das Fernsehprogramm zur Hand. Er kannte sich nicht sehr gut damit aus, weil er fast nie fernsah. **Jedesmal wenn** er dazu Lust hatte, wurde nichts Interessantes übertragen. Diesmal studierte er die Programme der öffentlichen und der privaten Fernsehsender, **bevor** er das Fernsehen einschaltete. **Als** er damit fertig war, war er ziemlich verwirrt. **Nachdem** er alle Zeichentrickfilme für Kinder, Unterhaltungsprogramme und Dokumentarfilme ausgeschlossen hatte, standen noch Sportsendungen und Spielfilme zur Wahl. Zuletzt entschied er sich für das Fußballspiel zwischen Bayern-München und Inter-Mailand. **Bevor** es anfing, stellte er aber noch schnell den Video-Rekorder ein und nahm einen französischen Spielfilm auf.

das Fernsehen -: televisione	*der Zeichentrickfilm -e*: cartone animato
laufen in: essere in programmazione	*das Unterhaltungsprogramm -e*:
ausschalten: spegnere	trasmissione d'intrattenimento
zur Hand nehmen: prendere in mano	*ausschließen*: escludere
das Fernsehprogramm -e: programma	*die Sendung -en*: trasmissione
televisivo	*der Spielfilm -e*: film
fernsehen: guardare la televisione	*zur Wahl stehen*: a scelta
diesmal: questa volta	*sich entscheiden für*: decidersi per
öffentlich: pubblico	*das Fußballspiel -e*: partita di calcio
der Fernsehsender -: canale televisivo	*einstellen*: regolare
einschalten: accendere	*der Video-Rekorder* : videoregistratore
fertig werden mit : finire	*aufnehmen*: registrare
verwirrt: confuso	

Le proposizioni temporali sono introdotte dalle congiunzioni:

- **als**: quando, quella volta che. Si usa solo per azioni accadute **un'unica volta**;

  *Als ich achtzehn **wurde**, machte ich eine Riesenparty.*

  Quando compii diciotto anni, diede una grande festa.

- **wenn**: quando. Si usa per indicare azioni passate che si ripetono, azioni presenti e future accadute una volta o che si ripetono. Nel caso di azioni ripetute si può rafforzare facendolo precedere da *jedesmal* (ogni volta);

  *Jedesmal wenn er müde **ist**, trinkt er Kaffee.*

  Beve caffé ogni volta che è stanco.

- **nachdem**: dopodiché, dopo. Indica una precedenza temporale della proposizione. A differenza dell'italiano 'dopo', *nachdem* richiede sempre il verbo finito;

  *Nachdem ich dich **angerufen habe**, bin ich **gegangen**.*

  Dopo dopo averti telefonato, sono uscita.

- **bevor**: prima. Anche *bevor* richiede sempre il verbo finito.

Bevor *ihr in den Zug* **einsteigt**, *kauft ihr Brötchen.*
Prima di salire sul treno comprate dei panini.

 Ergänze

1. ...... der Dokumentarfilm zu Ende war, bin ich eingeschlafen.
2. ...... ich einen Film anschaue, wird er durch Werbung unterbrochen.
3. ...... sie umzog, bekam sie von ihren Eltern einen Fernseher.
4. ...... es spät wird, möchte ich noch die Nachrichten hören.
5. Er ruft uns an, ... der Unterricht aus ist.

10.5 Le proposizioni secondarie concessive (Konzessivsätze)

Aus der Kulturrubrik: Umfrage über die Rechtschreibreform

Am ersten August 1998 wurde in Deutschland die neue Rechtschreibereform eingeführt. Pablo las damals auch viele Artikel darüber. Es war ein brennend-aktuelles Thema. Pablo hatte selber nicht die neuen Regeln gelernt, **trotzdem** war er sehr daran interessiert. In der Zeitung wurde von einer Umfrage berichtet. "**Obwohl** die Rechtschreibreform schon seit einigen Jahren eingeführt worden ist, zeigt eine Umfrage, dass die meisten Leser unzufrieden sind. Unter rund 71000 Lesern von sechs Tageszeitungen, waren 98,6 Prozent der Befragten für eine Rücknahme der Reform. **Obwohl** die Ergebnisse nicht als repräsentativ gelten dürfen, geht daraus hervor, dass einige Leser gegen die Rechtschreibreform sind. **Trotz** Unmut und Kritik, halten sich aber die meisten Zeitungen an die neuen Regeln."

die Umfrage -n: sondaggio	*rund*: all'incirca
die Rechtschreibreform -en: riforma dell'ortografia	*der Leser -*: lettore
einführen: introdurre	*der Befragte -n*: intervistato
damals: a quei tempi	*die Rücknahme -n*: ritiro
brennend: scottante	*das Ergebniss -e*: risultato
das Thema (Pl. Themen): argomento	*repräsentativ*: rappresentativo
die Regel -n: regola	*gelten*: valere
zeigen: mostrare	*hervorgehen*: emergere
unzufrieden: insoddisfatto	*der Unmut -e*: malumore
unter: fra	*sich halten an*: attenersi a

La proposizione concessiva può essere introdotta da:

• la congiunzione subordinante ***obwohl***: sebbene, malgrado. A differenza dell'italiano, *obwohl* richiede il verbo al modo indicativo;

Obwohl Pablo sehr müde war, las er noch die Wirtschaftsrubrik zu Ende.
Nonostante Pablo fosse stanco, finì di leggere la rubrica economica.

- con l'avverbio **trotzdem**:[1] ciononostante. Se posto all'inizio della proposizione, *trotzdem* richiede l'inversione di soggetto e verbo.

*Sie mag kein Fussball, **trotzdem kommt sie** mit uns ins Stadion.*

Non ama il calcio, ciononostante viene con noi allo stadio.

 Ergänze

1. Wir gehen spazieren, ... es stark regnet.
2. Sie wurde persönlich eingeladen, ... kommt sie nicht.
3. ...... ihr nicht viel arbeitet, seit ihr oft müde.
4. ...... schlechtes Wetter, fuhren sie alle zusammen auf Urlaub.
5. Pablo geht schlafen, ... er noch nicht mit seiner Arbeit fertig ist.

10.6 Le proposizioni secondarie consecutive (Konsekutivsätze)

Zeitungslektüre in Deutschland

Deutsche lesen **so** viel, **dass** Deutschland in der Zeitungsdichte (Zahl der Zeitungen je 1000 Einwohner) hinter Norwegen, Finnland, Schweden, der Schweiz, England und Dänemark an siebter Stelle ist. 80 Prozent der Bürger lesen täglich Zeitung, **sodass** die Presse sich gegen Fernsehen und Hörfunk weiterhin behauptet. Es werden auch immer mehr Zeitungen im Internet vertreten, **sodass** die Nachrichten auch in der elektronischen Version leicht zugänglich werden. Die überregionalen Tageszeitungen haben so großen Einfluss, dass sie in Politik und Wirtschaft als meinungsbildend gelten.

die Lektüre -n: lettura	*vertreten*: rappresentare
die Dichte -n: densità	*zugänglich*: accessibile
England: Inghilterra	*überregional*: sovraregionale
Dänemark: Danimarca	*der Einfluss ¨-e*: influsso
die Stelle -n: posizione	*meinungsbildend*: che influenza l'opinione
sich behaupten: affermarsi	pubblica

La proposizione consecutiva può essere introdotta da:

- **sodass**: cosicché;

*Er arbeitet morgens viel, **sodass** er nachmittags spazieren gehen kann.*

Lavora tanto di mattina, cosicché può andare a passeggio nel pomeriggio.

- **so ... dass**: così ... che. *So* precede, nella proposizione principale, aggettivi e avverbi, mentre *dass* introduce la proposizione secondaria.

*Du warst **so** oft in Ulm, **dass** du es wie deine eigene Westentasche kennst.*

Sei stato così spesso a Ulm, che la conosci come le tue tasche.

---

[1] Si noti che anche la preposizione **trotz** (+ genitivo), ha significato concessivo (nonostante).

Sodass oder **so dass**?

1. Er lief …… schnell, …… ich ihn nicht errreichen konnte.
2. Das Buch war …… interessant, …… er es zweimal las.
3. Gestern gab es einen Streik, …… wir zu Fuß gegangen sind.
4. Er sparte das ganze Jahr, …… er sich ein Segelboot kaufen konnte.

 Verbinde die Sätze mit nachdem, obwohl, trotzdem, als, bevor
Erst esse ich. Dann gehe ich zur Arbeit.
Nachdem ich gegessen habe, gehe ich zur Arbeit.

1. Ich bin nicht müde. Ich habe nicht geschlafen.
2. Es regnet. Wir gehen spazieren.
3. Er war 5 Jahre alt. Er hatte Angst im Dunkeln.
4. Erst macht sie Ordnung. Dann liest sie ein Buch.
5. Sie kauft sich ein Auto. Sie muss nicht mehr mit dem Bus fahren.
6. Er hat keinen Geburtstag. Er macht eine Feier.

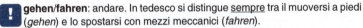

gehen/fahren: andare. In tedesco si distingue <u>sempre</u> tra il muoversi a piedi (*gehen*) e lo spostarsi con mezzi meccanici (*fahren*).

jemandem ist kalt/warm: avere caldo, freddo. *Kalt* in tedesco significa freddo. *Mir ist kalt*: ho freddo. Con questa locuzione si utilizza il verbo essere: letteralmente l'espressione tedesca si tradurrebbe "è freddo a me".

hören/zuhören: udire/ascoltare. *Hören* si usa in entrambi i sensi, per esempio *Ich höre dich schreien*: ti sento urlare; *ich höre Radio*: ascolto la radio. *Zuhören* invece significa solamente ascoltare; *ich höre dir zu*: ti ascolto.

etwas wie die eigene Westentasche kennen: conoscere qualcosa come le proprie tasche (lett. conoscere qualcosacome la propria tasca della giaccca);

kern gesund: sano come un pesce (lett. sano nel nucleo centrale);

ich möchte nicht in seiner Haut stecken: non vorrei essere nei suoi panni (lett. non vorrei essere nella sua pelle);

abgebrannt sein: essere al verde (lett. essere bruciati);

gelb vor Neid sein: essere verde dall'invidia (lett. essere giallo dall'invidia)

11.1 Il passivo (Das Passiv)

Einwohnermeldeamt

Herr Asnar **ist** von seiner Firma nach Deutschland **versetzt worden**. Er hat die ersten Obliegenheiten schon erledigt. Zuerst ist er auf das Einwohnermeldeamt gegangen. Dort **wurden** ihm viele **Fragen** über seine Herkunft, seinen vorigen Wohnort und seinen jetzigen Beruf **gestellt**:

"Wann sind Sie in Deutschland angekommen? Wo **werden** Sie zur Zeit **untergebracht**? Wo haben Sie zuletzt gewohnt?

Warum sind Sie nach Deutschland gezogen?"

Auf die vielen Fragen antwortete er geduldig:

"Ich bin vorgestern angekommen. Ich **wurde** gleich von einem Bekannten am Bahnhof **abgeholt**. Die ersten zwei Nächte habe ich bei ihm **gewohnt**. Doch morgen **wird** das Zimmer **vermietet** und es **wird** mir von meiner Firma eine andere Unterkunft **verschafft**. Ich sage "Firma", weil ich nämlich wegen meiner Arbeit hier bin: schon vor einem Jahr **wurde** mir eine Stelle **angeboten**. Es **war** schon alles – die Versetzung, der Umzug, die Reise – **organisiert worden**, aber im letzten Moment sagte ich ab. Nun **ist** mir die gleiche Stelle wieder **angeboten worden** und diesmal habe ich sie angenommen."

das Einwohnermeldeamt ¨-er: ufficio anagrafico	*abholen*: andare a prendere
die Obliegenheit -en: incombenze	*der Bekannte -n*: conoscente
erledigen: sbrigare	*die Unterkunft ¨-e*: alloggio
die Herkunft ¨-e: provenienza	*verschaffen*: procurare
vorig: precedente	*wegen*: a causa
der Wohnort -e: domicilio	*die Versetzung -en*: trasferimento
jetzig: attuale	*der Umzug ¨-e*: trasloco
unterbringen: sistemare, alloggiare	*letzt*: ultimo
zuletzt: da ultimo	*absagen*: disdire
geduldig: pazientemente	*diesmal*: questa volta
	annehmen: accettare

Il passivo si forma con l'ausiliare *werden* e il **participio passato** del verbo:

	Aktiv	Passiv
Präsens	Er **fragt** uns	Wir **werden gefragt**
Präteritum	Er **fragte** uns	Wir **wurden gefragt**
Perfekt	Er hat uns **gefragt**	Wir **sind gefragt worden**
Plusquamperfekt	Er hatte uns **gefragt**	Wir **waren gefragt worden**

Costruzione della frase passiva:

- il participio del verbo (al presente e preterito) è collocato in fondo alla frase;
  *Die Häuser werden/wurden **gebaut**.*
- ai tempi passati composti (*Perfekt* e *Plusquamperfekt*) il participio passato del verbo viene inserito tra la forma coniugata dell'ausiliare **sein** e il participio di *werden* (***worden***) come illustrato nella tabella;
  *Hans **hilft** mir. Mir ist von Hans **geholfen worden**.*
- il participio passato di ***werden*** al passivo è ***worden*** (e non *geworden* come nei tempi composti attivi).
  *Mir ist geholfen **worden** (Passiv). Ich **bin** groß **geworden** (Aktiv).*

Nella frase passiva il soggetto della forma attiva può diventare:

- **il complemento d'agente**, espresso dalla preposizione *von* + *Dativ*;
  *Hans hilft seinem Bruder Karl. Karl wird **von seinem Bruder** Hans geholfen*
  Hans aiuta suo fratello Karl. Karl è aiutato da suo fratello Hans.
  *Die Frau hatte das Paket abgeholt. Es war **von der Frau** abgeholt worden.*
  La signora prelevò il pacco. Il pacco fu prelevato dalla signora.
- **il complemento di causa efficiente**, espresso dalla preposizione *durch* + *Akkusativ*.
  *Der Lärm störte ihn. Er wurde **durch den Lärm** gestört.*
  Il rumore lo infastidiva. Era infastidito dal rumore.

Quando nella forma attiva della proposizione manca il complemento oggetto, nella forma passiva si usano i pronomi *es* o *man* al posto del soggetto. Il soggetto impersonale può:

- essere posto all'inizio della proposizione personale;
  ***Man** arbeitet viel. **Es** wird viel gearbeitet. Si lavora molto.*
- mancare del tutto, se la prima posizione è occupata da un'altra componente.
  *Gestern **tanzte man** viel. Gestern **wurde** viel getanzt. Ieri si ballò molto.*

 Schreibe die Sätze in die Passivform um
Der Arzt operiert den Patienten. Der Patient **wird** vom Arzt **operiert**.

1. Der Journalist zensierte die Artikel.
2. Die Mutter hat das Baby gestillt.
3. Die Mechaniker reparierten das Auto.
4. Die Regisseurin hatte schon zwei Filme gedreht.
5. Die Richter verurteilten einen Unschuldigen.
6. Das Geburtstagskind hat uns eingeladen.
7. Der Bürgermeister eröffnete das Opernhaus.
8. Die Beamtin hat die Formulare ausgefüllt.

Auf der Bank

Herr Asnar: Guten Tag. Ich möchte bei Ihnen ein Konto eröffnen.

Angestellter: Gut. Nehmen Sie Platz. **Was für ein** Konto ist Ihnen lieber? Es gibt, wie Sie sehen, verschiedene Lösungen.

Herr Asnar: Hauptsache ist, dass die Jahresgebühren nicht zu hoch sind und dass ich leicht von meinem italienischen Konto auf dieses neue Konto Geld überweisen kann.

Angestellter: Das geht heutzutage wohl mit allen Kontos, Herr Asnar! Es gibt ein X- und ein W- Konto. **Welches** möchten Sie?

Angestellter: Gut. Und **was für** Karten möchten Sie? Nur eine Scheckkarte oder auch eine Kreditkarte?

Herr Asnar: Beide, bitte. **Welche** Kontonummer werde ich bekommen?

Angestellter:Das kann ich Ihnen jetzt noch nicht sagen.

die Bank -en :banca
das Konto -s: conto
eröffnen: aprire
Platz nehmen: accomodarsi
verschieden: diverso
die Lösung -en: soluzione

die Hauptsache -n: cosa principale
die Jahresgebühr -en: tassa annuale
überweisen: trasferire
die Scheckkarte -n: carta bancomat
die Kreditkarte -n: carta di credito
die Kontonummer -n: numero di conto

In tedesco i pronomi interrogativi 'quale' e 'che' in genere si traducono con **welcher** e **was für ein**, declinati secondo il genere e il caso (le desinenze equivalgono a quelle dell'articolo determinativo).

• *Welcher, welche, welches* si usa quando la domanda si riferisce a una cosa o a una persona **determinata**. Si risponde sempre con l'articolo determinativo.

   *Mit **welcher** Strassenbahn fährst du? Mit **der** 4.*

   Quale tram prendi? Prendo il 4.

   ***Welches** Buch hast du gelesen? Ich habe **das** Buch "Siddharta" gelesen.*

   Quale libro hai letto? Ho letto il libro "Siddharta".

• *Was für ein* si usa quando la domanda si riferisce a una cosa o a una persona **generica** e traduce quindi l'italiano 'che specie di, che genere di, che tipo di?'. Si risponde con l'articolo indeterminativo oppure senza articolo.

   ***Was für ein** Buch möchtest du lesen? Ich möchte **einen Krimi** lesen.*

   Che genere di libro vorresti leggere? Vorrei leggere un giallo.

   ***Was für** Schuhe soll ich Ihnen zeigen? Ich möchte gerne Abendschuhe.*

   Che genere di scarpe vuole le mostri? Vorrei delle scarpe da sera.

TEDESCO

Welch oder **was für ein?**

1. Mit …… EC-Zug fahrt ihr? Mit dem Romulus-Zug aus Wien.
2. …… Fahrzeug hast du dir gekauft? Ein Auto.
3. …… Stifte benutzt ihr? Bleistifte.
4. Gegen …… Mannschaft spielt heute Abend Inter? Gegen Milan.
5. An …… Haltestelle müssen wir aussteigen? An der Vierten.
6. …… von deinen Freunden hast du eingeladen? Den Blonden.
7. …… Gemüse soll ich einkaufen? Nimm ein paar Tomaten.

11.3 Le proposizioni interrogative indirette (Indirekte Fragesätze)

An der Auskunftsstelle

Herr Asnar ist nun seit ein paar Tagen in Bonn und er kennt sich noch nicht sehr gut in der Stadt aus. Er geht also zur Auskunftstelle des Verkehrsverbandes und fragt den Beamten, **wie** er morgens von zu Hause zum Büro kommt, **wie lange** die Fahrt dauert, **welche** U-Bahn er dann abends nach der Arbeit vom Büro zum Fitnesscenter nehmen kann, **ob** es eine Wochenkarte gibt, und **ob** man sie direkt bei den Busfahrern oder an den Fahrkartenautomaten bekommt. Der Beamte informiert sich, **woher** Herr Asnar genau kommt und **wohin** er fahren muss. Er erklärt ihm, **wo** die nächstgelegene Station liegt, **wann** und **wie oft** die Straßenbahnen morgens fahren, **wieviel** die Wochenkarte kostet und **wer** sie verkauft.

die Bank -en :banca	*die Jahresgebühr -en*: tassa annuale
das Konto -s: conto	*überweisen*: trasferire
eröffnen: aprire	*die Scheckkarte -n*: carta bancomat
Platz nehmen: accomodarsi	*die Kreditkarte -n*: carta di
verschieden: diverso	credito
die Lösung -en: soluzione	*die Kontonummer -n*: numero di conto
die Hauptsache -n: cosa principale	

Inversione			
	Wer	**ist**	hier	gewesen?
Ich frage,	wer	hier	gewesen	**ist**.
	Wie spät	**ist**	es?	
Sag mir bitte,	wie spät	es		**ist**.
	Welche	Note	bekommst	du?
Du erfährst,	welche	Note	du	bekommst.

Le proposizioni interrogative indirette, come tutte le proposizioni secondarie (vedi 10.1), sono sempre separate dalla proposizione principale mediante una virgola. Il verbo, generalmente all'indicativo, è posto in ultima posizione. I verbi separabili non sono separati dal proprio prefisso.

In particolare, le proposizioni interrogative indirette **seguono** la proposizione principale e sono introdotte:

- da **pronomi e avverbi interrogativi** (vedi 2.1);
  *Ich weiss nicht, **wann** er Geburtstag hat.* Non so **quando** è il suo compleanno.
  *Er fragt uns, **wie** wir heißen.* Ci chiede **come** ci chiamiamo.
  *Sie informiert sich, **wo** wir wohnen.* Si informa su **dove** abitiamo.
- dalla congiunzione **ob** (*'se'*).
  *Er fragte sie, **ob** sie ein Diplom hat.* Le chiese **se** avesse un diploma.
  *Ich weiss nicht, **ob** es draußen regnet.* Non so **se** fuori piove.
  *Sie ist nicht sicher, **ob** er auch mitkommt.* Non è sicura **se** venga anche lui.

Bilde Sätze
Wo wohnen sie? Ich weiß es nicht. Ich weiß nicht, wo sie wohnen.

1. Kommt Hans mit ins Kino? Pablo fragt es Blanca.
2. Wieviel Uhr ist es? Ich frage es meine Freundin.
3. Warst du gestern krank? Sie fragen dich.
4. Wo sollen wir die Schuhe hinstellen? Wir fragen es unsere Mutter.
5. Wann wird die Hausarbeit fertig sein? Der Lehrer fragt die Schülerin.
6. Esst ihr auch ein Stück Kuchen? Der Kellner informiert sich.
7. Wie lange wohnt ihr schon in Berlin? Ich möchte es wissen.
8. Wohin gingen die Freunde spazieren? Ich weiß es nicht genau.
9. Fahren sie im Sommer nach Neapel? Ich weiß es nicht.
10. Sprecht ihr auch Deutsch? Er weiß es nicht.

Ergänze die Frageponomen

1. Er will wissen, ... der Bahnhof ist.
2. Bernd hat vergessen, ... sein Hochzeitstag ist.
3. Marina will wissen, ... die Bibliothek samstags geöffnet ist.
4. Sie fragt sich, ... sie ohne Auto nach Hause kommen soll.
5. Er überlegt, ... er wirklich schon 52 geworden ist.
6. Ich weiß nicht mehr, ... ich zum Zahnarzt gehen muss.
7. Erkläre mir, ... du das geschafft hast!
8. ..... es wirklich wahr ist, weiß er nicht.

sprechen: parlare
absprechen: accordarsi su/contestare
ansprechen: rivolgersi a qualcuno
besprechen: discutere di qualcosa
entsprechen: corrispondere
freisprechen: assolvere
zusprechen: assegnare/parlare affabilmente a qualcuno
lossprechen: esonerare
nachsprechen: ripetere
versprechen: promettere
widersprechen: contraddire

12 DIE WELT DER ZUKUNFT

12.1 Il futuro (Das Futur)

Der Handel der Zukunft

Wie **wird** der Handel in der Zukunft **sein**? **Werden** ein Mann, oder eine Frau, die etwas einkaufen wollen, sich **anziehen**, in den Supermarkt **gehen,** an der Kasse in der Schlange **stehen müssen**? Nein, das **wird** nicht mehr nötig **sein**. Jeder **wird** von zu Hause **kaufen können**, was er will. Einkaufen **wird** keinen Stress mehr **bedeuten**, sondern nur ein Vergnügen **sein**. Jedes Geschäft **wird** seinen Kunden die Möglichkeit **anbieten**, seine Schaufenster durch Video zu besichtigen.

Sie **werden auswählen können**, was sie brauchen. Es **wird** zu jeder Uhrzeit jedes Tages möglich **sein**, e-shopping zu machen: die Produkte **werden** schon nach kurzer Zeit nach Hause **geliefert sein**.

Keiner **wird** mehr die Taschen voll Kleingeld **haben**, sondern nur mit einer Kreditkarte **bezahlen**.Und für diejenigen, die gerne beim Einkaufen plaudern? Das **wird** natürlich durch eine *chat-line* der Kunden jedes Geschäftes **angeboten sein werden**!

Es **wird** also kein Problem mit *e-commerce* **geben**: los in die Zukunft!

der Handel -: commercio	*die Möglichkeit -en*: possibilità
die Zukunft ¨-e: futuro	*anbieten*: offrire
der Supermarkt ¨-e: supermercato	*das Schaufenster -*: vetrina
die Haushaltswaren (Pl.): casalinghi	*das Video -s*: video
die Tiefkühlkost -: surgelati	*auswählen*: scegliere
nötig: necessario	*das Produkt -e*: prodotto
einkaufen: fare acquisti	*liefern*: consegnare
der Stress: stress	*die Kreditkarte -n*: carta di credito
bedeuten: significare, rappresentare	*plaudern*: chiacchierare
das Vergnügen -: divertimento	*e-commerce*: elektronischer Handel (durch
der Kunde -n: cliente	Internet)

In tedesco esistono due forme di futuro: il futuro semplice (Futur I) e il futuro anteriore (Futur II). Il **Futur I** si utilizza generalmente per esprimere una **previsione, un'intenzione o una minaccia**. In tedesco il futuro viene usato più raramente che in italiano. Quando è presente un avverbio di tempo che ha già in sé l'idea di futuro, si preferisce utilizzare il presente indicativo.

Morgen scheint die Sonne.
Domani splenderà il sole.

Nächste Woche fahre ich auf Urlaub.
La prossima settimana andrò in vacanza.

Entrambe le forme sono perifrastiche.

Il *Futur I* si forma con il **presente indicativo** del verbo *werden* e l'**infinito presente** del verbo, che si colloca alla fine della frase.

*Ich **werde** in Urlaub **fahren**.*
Andrò in vacanza.

*Vielleicht **wird** die Sonne **scheinen**.*
Forse splenderà il sole.

Il futuro di **verbi modali** si forma in maniera analoga, ma all'infinito del verbo segue anche l'infinito del modale.

*Ich **kann** nächste Woche in Urlaub **fahren**.*
*Ich **werde** nächste Woche in Urlaub fahren **können**.*
La prossima settimana potrò andare in vacanza.

*Peter **muss** im Mai nach Frankfurt **fliegen**.*
*Peter **wird** im Mai nach Frankfurt **fliegen müssen**.*
In maggio Peter dovrà andare a Francoforte.

Il *Futur II* si forma con il **presente indicativo** del verbo *werden* e l'**infinito passato** del verbo, che si colloca in fondo alla frase.

*Ich **werde am Montag** schon in Frankfurt **gelandet sein**.*
Lunedì sarò già atterrato a Francoforte.

*Um halb neun **wird** der Unterricht schon **begonnen sein**/**haben**.*
Alle otto e mezza la lezione sarà già iniziata.

Anche nel *Futur II*, l'infinito del verbo modale si colloca alla fine della proposizione dopo l'infinito dell'ausiliare.

*Ich **kann** am Montag vielleicht in Frankfurt **gelandet sein**.*
*Ich **werde** am Montag vielleicht in Frankfurt **gelandet sein können**.*
Forse lunedì potrò già essere atterrato a Francoforte.

*Um halb neun **muss** der Unterricht **begonnen sein**/**haben**.*
*Um halb neun **wird** der Unterricht schon **begonnen sein müssen**.*
Alle otto e mezza la lezione dovrà già essere iniziata.

 Setze ins Futur I
Ich **mache** die Aufgabe. Ich **werde** die Aufgabe **machen**.

Erik diskutiert mit seinem Chef. ....

Ich gehe später nach Hause. ....

Frau Braun steigt in Rostock aus. ....

Vater versucht, ihm zu helfen. ....

Wir fragen Peter nach Auskunft. ....

Ben ruft Anna an. ....

Setze ins Futur II

Er **hat** im Zug gesessen. Er **wird** sicher im Zug **gesessen haben**.

Erik diskutiert mit seinem Chef. . . . .

Frau Braun steigt in Rostock aus. . . . .

Vater versucht, ihm zu helfen. . . . .

Wir fragen Peter nach Auskunft. . . . .

Karola ist krank. . . . .

Bilde Sätze mit dem Futur I und II

(Lehrer, böse). Der Lehrer **wird** sicher böse **sein**.

Er kauft nichts. (Bücher, nicht, haben gefallen)

Warum weint Jenny? (Problem, haben)

Ich verbringe meine Ferien am Meer. (nächste Woche, hinfahren)

Sie liegt im Bett. (nicht, zur Arbeit, gehen)

Ich habe Hunger. (ein Brot, essen)

Es geht ihm schlecht. (zuviel, hat gegessen)

Er grüßt sie sofort. (ins Kino, einladen)

Sie sitzen im Restaurant. (er, sie, hat eigeladen)

Mauro ist faul. (dieses Jahr, sitzenbleiben)

12.2 La proposizione infinitiva (Der Infinitivsatz)

Sprachreisen für Ältere

Veranstalter von Sprachreisen haben eine neue Zielgruppe entdeckt: die über 50-jährigen. "Die Sprachkurse für Ältere liegen *im Trend*", sagen die Geschäftsführer. 30 Prozent Zuwachs **konnte** das Münchener Unternehmen im vergangenen Jahr bei den Sprachkursen für die Generation über 50 **verzeichnen**. Dabei sind die meisten der spät berufenen Sprachschüler bereits im Ruhestand. Für K.S., Professor für Englische Didaktik an der Universität Augsburg, ist das durchaus eine günstige Zeit **zum Sprachenlernen**. Während den Berufstätigen oft noch der Erfolgsdruck im Nacken sitzt, **können** die Ruheständer entspannt *just for fun* **lernen**.

Sie **können** ihre Italienischkenntnisse **verbessern**, **um** die Sprache ihres Urlaubslandes besser **zu verstehen**, oder Französischvokabeln pauken, **um** ihrer Leidenschaft für französische Weine besser **zu frönen**.

Viele machten den Sprachkurs auch, **um** als Alleinreisende im Ausland besser **zurechtzukommen**. So ist der Sprach-urlaub eine ideale Chance, nicht nur geistig fit **zu bleiben**, sondern auch neue Kontakte **zu knüpfen**. In Malaga **können** die Sprachschüler **lernen**, Flamenco **zu tanzen** und Paella **zu kochen**.

K.S. hält die Trennung von Jung und Alt für sinnvoll. "Man **muss bedenken**, dass es viele Arten gibt, eine Sprache **zu beherrschen**", sagt er. Die Älteren **können** das *Level* eines Zwanzigjährigen in der Aussprache nicht **erreichen**; dafür **können** sie aber auf ihr Wissen **zurückgreifen** und sind damit den Jüngeren überlegen.[1]

die Sprachreise -n: viaggio per apprendere una lingua	*pauken:* sgobbare sui libri
der Ältere -n: persone di una certa età	*einer Leidenschaft frönen:* essere schiavo di una passione
der Veranstalter -: organizzatori	*der Alleinreisende -n:* viaggiatore
die Zielgruppe -n: destinatari	*zurechtkommen:* venire a capo di
entdecken: scoprire	*die Chance -n:* occasione
im Trend liegen: fare tendenza	*geistig:* intellettuale, mentale
der Geschäftsführer -: amministratore	*fit bleiben:* restare in forma
der Zuwachs ¨-e: aumento	*einen Kontakt knüpfen:* allacciare un contatto
das Unternehmen -: impresa	*halten:* (qui) ritenere
verzeichnen: annotare, registrare	*die Trennung -en:* divisione
berufen sein: essere chiamati a	*Jung und Alt:* giovani e anziani
im Ruhestand: in pensione	*sinnvoll:* sensato
durchaus: assolutamente	*bedenken:* considerare
der Berufstätige -n: lavoratore	*die Aussprache -n:* pronuncia
der Erfolgsdruck: spinta al successo	*beherrschen:* padroneggiare
im Nacken sitzen (fig.): alitare sul collo	*erreichen:* raggiungere
sich entspannen: rilassarsi	*auf etw. zurückgreifen:* ricorrere a
die Kenntnis -se: conoscenza	*überlegen sein:* essere superiori
das Urlaubsland ¨-er: paese tursitico, di vacanza	

In tedesco l'infinito può essere **preceduto** o **meno** dalla preposizione **zu** e occupa sempre l'ultimo posto nella proposizione.

Quando il verbo è introdotto da **zu**:

* la proposizione infinitiva deve sempre essere separata da quella principale mediante una **virgola**, se l'infinito è accompagnato da complementi o avverbi;
  *Wir freuen uns sehr, morgen ins Theater **zu gehen**.*
  *Frau Rossi hat vor, ihre Tochter **zu besuchen**.*

* se il **verbo** all'infinito è **separabile**, zu si inserisce tra il prefisso e il verbo;
  *Wir hoffen, bald ab**zu**fahren. Sie bittet ihn, sie am Bahnhof ab**zu**holen.*

* se il **verbo** all'infinito è al tempo **passato**, zu si colloca tra il participio passato e l'ausiliare;
  *Ich bin begeistert, diesen Film **gesehen** zu **haben**.*
  *Es war schön, in Paris **gewesen** zu **sein**.*

* se sono presenti **due infiniti**, la particella zu si colloca davanti al secondo.
  *Ich hoffe, sie **spielen** zu **hören**. Du glaubst, es allein **schaffen** zu **können**.*

---

[1] aus: *Die Zeit* vom 9. 3. 2000 (leicht vereinfacht und gekürzt). Questo testo è stato utilizzato per la seconda prova dell'esame di Stato (maturità linguistica), Progetto Brocca, 1998-99.

L'infinito **non** è introdotto da *zu* in dipendenza da alcuni verbi:

• i modali;

*Ich **kann** es nicht mehr **sehen**. Ich **will** schnell damit fertig **sein**.*

• i verbi semimodali (sensoriali);

*Ich **höre** sie Klavier **spielen**. Ich **sehe** das Kind **weinen**.*

• i verbi di moto;

*Ich **gehe** oft lange **spazieren**. **Kommst** du mit uns **essen**?*

• altri verbi specifici (*helfen, lehren, lernen, schicken, bleiben, lassen*…).

*Ich **helfe** ihm die Aufgaben **lösen**. Sie **lernt** spanisch **kochen**.*

*Ich **bleibe** lange im Bett **liegen**. Der Vater **lässt** das Kind **schlafen**.*

Altre **costruzioni infinitive** sono:

ohne… zu + Infinitiv (senza che) e **(an)statt… zu + Infinitiv** (al posto di).

*Er geht weg, **ohne** uns Bescheid **zu sagen**.*

*Er ist gestern ins Kino gegangen, **statt zu arbeiten**.*

*Er schläft den ganzen Morgen, **anstatt aufzustehen**.[1]*

12.3 Le proposizioni finali (Finalsätze)

Le proposizioni finali indicano lo scopo per cui avviene un'azione, che è espressa dal verbo reggente:

• in tedesco si traducono con **um… zu** + Infinitiv, oppure, con **damit**;

*Er kommt auf die Party **um zu tanzen**.*

*Sie geht in das Geschäft, **um** eine neue Bluse **zu kaufen**.*

*Du rufst ihn an, **damit** er auf die Party kommt.*

***Damit** sie sich freuen, kaufen wir Geschenke.*

• quando la proposizione finale è espressa da un **solo verbo**, si può ricorrere alla costruzione **zu + articolo declinato + infinito sostantivato**, oppure **zu + articolo declinato + sostantivo + genitivo**, come illustrato negli esempi seguenti.

***Zum Lernen** braucht man viel Konzentration* (zum + infinito sostantivato)

*Ich lade meine Freundin **zum Tanzen** ein.*

***Zur Kenntnis einer Fremdsprache** muß man viel lernen* (zu + Inf.+ Gen.)

***Zur Zubereitung des Risotto** habe ich Safran[2] gekauft.*

***Zum Üben dieses Klavierstücks** brauche ich etwa eine halbe Stunde.*

---

[1] Nel caso di verbi separabili, la particella *zu* viene inclusa tra il prefisso del verbo e l'infinito, anche nel caso in cui il prefisso del verbo sia a sua volta *zu*.

[2] Zafferano

Bilde Sätze mit dem Infinitiv

Ich habe ...... (nichts, tun).

Wir glauben ...... (in Mainz, müssen, aussteigen).

Ich helfe dir (Spaghetti kochen).

Mutti hofft ...... (Elke, zu Weihnachten, sehen).

Wir versuchen ...... (die Meinung, zustimmen).

Die Eltern lassen ...... (der Sohn, abends, ausgehen).

Die Polizei entscheidet ...... (der Junge, gehen, lassen).

Die Eltern haben vor ...... (in den Ferien, nach Italien).

Martin geht ...... (immer, am Freitag, schlafen, früh).

Es ist schön ......(dich, wieder, hier, sehen).

Ich hoffe...... (meine Tochter helfen, können).

Ich will ...... (nicht, stehen bleiben, im Theater).

Bilde Sätze mit *um zu + Infinitiv*

Mario geht ins Bett, **damit** er sich ausruht.

Mario geht ins Bett, **um** sich **auszuruhen.**

Maria lernt, damit sie die Prüfung schafft.

Herr Meyer geht in den Supermarkt, damit er was zu essen kauft.

Wir kommen, damit wir euch helfen.

Der Arzt arbeitet, damit er seine Patienten heilt.

Sie ziehen den Mantel an, damit sie nicht frieren.

Ich koche eine Pasta, damit ich meine Schwester zum Essen einlade.

***Ohne* oder *anstatt zu*?**

Maria schafft die Prüfung ...... zu lernen.

Ich lese einen Roman, ... meine Hausarbeit zu erledigen.

...... es zu wissen, habe ich sie beleidigt.

Wir fahren nach Paris, ... nach Barcelona zu fliegen.

Der Schüler schreibt seine Klassenarbeit ...... gelernt zu haben.

Der Schüler geht spazieren ...... zu lernen.

...... dir die Wahrheit zu sagen, habe ich gelogen.

Erzähle: was wirst du am Sonntag machen?

Ich werde lange schlafen, dann werde ich um elf Uhr aufstehen;

. . . .

. . . .

. . . .

. . . . usw.

13.1 I pronomi e le proposizioni relative (Relativpronomen und Relativsätze)

Deutschlands Landkarte

Deutschlands natürliche Abgrenzungen sind die Nordsee und die Ostsee im Norden und die Alpen im Süden. Das Land unterteilt sich in drei große Landschaftszonen, **die** sehr abwechslungsreich sind.

Das norddeutsche Tiefland ist eine weite Ebene, **die** von niedrigen Hügeln unterbrochen ist. Vor der Nordseeküste liegen einige Inseln, **unter denen** die Insel Helgoland die größte ist. Helgoland ist ein beliebtes Ausflugsziel, **auf dem** es eindrucksvolle, rote Felsen zu bewundern gibt. Andere bekannte Inseln sind Borkum, Norderney, Amrum, und Sylt. Die Ostseeküste ist eine teils felsig-steile, teils sandig-flache Küste, **vor der** die größte Insel Deutschlands, Rügen, liegt. Zwischen den zwei Küsten liegt ein Hügelland, **das** die "Holsteinische Schweiz" genannt wird.

Das Mittelgebirge stellt eine Schwelle dar, **die** den Norden vom Süden Deutschlands trennt. Es gibt dort Wälder, Täler und Gebirgsketten, **unter denen** der Fichtelberg im Erzgebirge, mit seinen 1215 Meter, der höchste ist. Das Alpenvorland ist eine hügelige Hochebene, **die** sich zur Donau hin senkt. Genauer gesagt, ist es **derjenige Teil** der Alpen, **der** aus den Allgäuer Alpen, den Berchtesgadener Alpen und den Bayerischen Alpen gebildet ist. Dort liegt der höchste Berg Deutschlands: die 2936 hohe Zugspitze. Im Alpenvorland befindet sich auch der größte See Deutschlands. Es ist der Bodensee, **an den** auch die Schweiz und, in kleinerem Teil, Österreich grenzt.

natürlich: naturale	*teils*: in parte
die Abgrenzung -en: limite	*felsig-steil*: roccioso-scosceso
unterteilen: suddividersi	*sandig-flach*: sabbioso-piano
die Landschaft -en: paesaggio	*das Mittelgebirge*: montagne di mezzo
abwechslungsreich: vario	*die Schwelle -n*: soglia
das Tiefland ¨-er: bassopiano	*der Wald ¨-er*: bosco
weit: vasto	*das Tal ¨-er*: valle
die Ebene -n: pianura	*die Gebirgskette -n*: catena montuosa
niedrig/hoch: basso/alto	*das Alpenvorland*: zona prealpina
der Hügel -: collina	*hügelig*: collinare
unterbrechen: interrompere	*die Hochebene -n*: altipiano
die Küste -n: costa	*die Donau*: Danubio
die Insel -n: isola	*sich senken zu*: digradare verso
beliebt: amato	*genau*: preciso/precisamente
das Ziel -e: meta	*der Teil -e*: parte
der Ausflug ¨-e: gita	*Allgäu*: Algovia
eindrucksvoll: impressionante	*Bayern*: Baviera
rot : rosso	*bilden*: formare
der Felsen -: rupe/rocce	*der Berg -e*: montagna
bewundern: ammirare	

La proposizione secondaria relativa è introdotta dal pronome relativo *der*, *die*, *das* oppure dall'ormai desueto *welcher*, *welche*, *welches*.

	Singular			Plural
	Maskulin	**Feminin**	**Neutrum**	
Nominativ	..., der	..., die	..., das	..., die
Akkusativ	..., den	..., die	..., das	..., die
Dativ	..., dem	..., der	..., dem	..., **denen**
Genitiv	..., dessen	..., deren	..., dessen	..., deren

Il pronome relativo *der*, *die*, *das*:

- è posto solitamente il più vicino possibile al sostantivo cui si riferisce;

  *Das Paket, **das** du mir geschickt hast, ist heute angekommen.*

  La lettera, che mi hai spedito, è arrivata oggi.

  *Die Prüfung, **die** wir morgen bestehen sollen, ist nicht sehr schwer.*

  L'esame che dobbiamo sostenere domani non è molto difficile.

- solo se è al **genitivo**, precede il sostantivo a cui si riferisce;

  *Die Frau, **deren** Kinder ich zur Schule begleite, arbeitet ganztägig.*

  La signora, i cui figli accompagno a scuola, lavora a tempo pieno.

  *Der Herr, **dessen** Arbeitsplatz du nimmst, ist in den Ruhestand gegangen.*

  Il signore di cui tu prendi il posto di lavoro è andato in pensione.

- concorda in **genere** e **numero** con il sostantivo a cui si riferisce;

  *Er las das Buch, **das** du ihm geschenkt hattest.*

  *Er hörte die CD, **die** du ihm geschenkt hattest.*

  *Er aß den Kuchen, **den** du ihm geschenkt hattest.*

- assume il **caso** richiesto dalla funzione logica che svolge nella proposizione secondaria;

  *Der Mann, **dem** ich begegnet bin, kennt dich.*

  *Der Mann, **den** ich getroffen habe, kennt dich.*

  *Der Mann, **dessen** Tochter ich getroffen habe, kennt dich.*

- è sempre preceduto dall'eventuale **preposizione** che lo regge.

  *Die Freunde, **mit denen** ich mich am besten verstehe, sind Pablo und Jan.*

  Gli amici con cui vado più d'accordo sono Pablo e Jan.

  *Die Firma, **von der** ich angestellt worden bin, ist bankrott.*

  L'azienda da cui sono stata assunta è fallita.

Ergänze Relativpronomen und Präpositionen

1. Wieviel kostet die Taschenlampe, ... du gekauft hast?
2. Das Auto, ... wir Urlaub fahren werden, ist sehr groß.
3. Das ist der Lehrer ...... Sohn einen Unfall hatte.
4. Wie heißt deine Freundin, ... immer so hübsch angezogen ist?
5. Die Stadt, ... sie wohnt, ist klein.
6. Wer ist die Frau, ... hier wohnt?
7. Er trifft sich mit seinem Bruder, ... er ein Geschenk geben möchte.
8. Ulla, ... dieses Schulheft gehört, hat es gestern vergessen.
9. Der Krieg, ... sie gekämpft haben, ist endlich aus.

13.2 Il comparativo e il superlativo (Steigerung und Superlativ)

Flüsse und Seen Deutschlands

Deutschlands Hauptflüsse sind der Rhein, die Elbe, die Ems, die Donau, die Weser und der Main. Außer der Donau, die in das Schwarze Meer mündet, fließen sie alle nach Norden zur Nordsee. Die Donau ist außerdem, mit ihren 2850 Kilometern, **der zweitlängste** Fluss Europas nach der Wolga. Sogar der Eufrat Fluss in Asien ist **nicht so lang wie** die Donau. Doch wenn man nur die Strecke innerhalb Deutschlands betrachtet, sind der Rhein und die Elbe **länger als** die Donau. Die **meisten** deutschen Flusse sind schiffbar und haben als Verkehrswege eine **sehr wichtige** Bedeutung. Es gibt auch **sehr viele** künstliche Kanäle, die für den Transport von Gütern **genauso wichtig wie** die Flüsse sind. Der Rhein, der **am weitesten** westlich fließt, stellt **die wichtigste** Verkehrsachse in Nord-Süd-Richtung dar. Im Norddeutschen Tiefland und im Alpenvorland gibt es viele Seen. Sie sind alle **kleiner als** der Bodensee, aber nicht **weniger schön**.

der Fluss ¨-e: fiume	*der Verkehrsweg -e*: via di transito
der See -n: lago	*künstlich*: artificiale
der Hauptfluss ¨-e: fiume principale	*der Kanal ¨-e*: canale
Rhein: Reno; *Elbe*: Elba; *Main*: Meno	*das Gut ¨-er*: bene
fließen: scorrere	*wichtig*: importante
münden: sfociare	*erheblich*: considerevole
außerdem: inoltre	*wirtschaftlich*: economico
lang: lungo	*die Bedeutung -en*: significato
die Wolga: Volga	*die Achse -n*: asse
die Strecke -n: tratta	*die Richtung -en*: direzione
betrachten: considerare	*die Nähe -n*: vicinanza
schiffbar: navigabile	*sich befinden*: trovarsi

13.2.1 Il comparativo

Il **comparativo di uguaglianza** si forma facendo precedere l'aggettivo o l'avverbio dalla particella **so**. Si possono usare anche le forme rafforzative *ebenso* e *genauso*. Il secondo termine di paragone è introdotto da **wie** ed è espresso nello stesso caso del primo.

*Mein Hund ist immer genauso faul gewesen wie **deine Katze**.*

Il mio cane è sempre stato tanto pigro quanto il tuo gatto.

*Eure Schwester ist genauso groß wie **eure Oma**.*

Vostra sorella è alta quanto vostra nonna.

Se la **comparazione** avviene **tra sostantivi** si usa *so viel /so viele*.

*Ab morgen wirst du **so viel** Freizeit haben **wie** ich.*

Da domani avrai tanto tempo libero quanto me.

*Ihr habt **so viele** Bücher gekauft **wie** wir.*

Avete comprato tanti libri quanti (ne abbiamo comprati) noi.

Il **comparativo di maggioranza** si forma aggiungendo il suffisso **-er** all'aggettivo o all'avverbio. Il secondo termine di paragone è introdotto dalla particella **als** ed è sempre nello stesso caso del primo.

*Der junge Marathonläufer läuft schnell**er** als seinen Trainer.*

Il giovane maratoneta corre più veloce del suo allenatore.

*Ute kocht **schneller** als ich, aber sie isst langsamer als ich.*

Ute cucina più in fretta di me, però mangia più lentamente (di me).

Alcuni aggettivi monosillabici con la vocale **a**, **o**, **u** prendono l'*Umlaut*.

alt – älter, lang – länger, nah – näher, kalt – kälter, warm -wärmer,

groß – größer; grob – gröber; kurz – kürzer; klug – klüger; jung – jünger

Gli aggettivi che terminano in **-el**,**-er**, **-en** perdono la '**e**' del tema.

*dunkel – dun**kler**; teuer – teu**rer***

La comparazione tra due aggettivi differenti riferiti allo stesso termine si esprime con **mehr als**.

*Dieser Rugbyspieler war **mehr** kräftig **als** dick.*

Questo giocatore di rugby era più robusto che grasso.

*Steh auf! Du bist **mehr** faul **als** müde.*

Alzati! Sei più pigra che stanca.

*Ihr seid **mehr** schön **als** intelligent.*

Siete più belli che intelligenti.

Il **comparativo di minoranza** si forma facendo precedere l'aggettivo o l'avverbio da **weniger** (meno). Anche qui il secondo termine di paragone è introdotto da **als** ed è espresso sempre nello stesso caso del primo.

*Abends ist er **weniger** müde **als** du.* Di sera è meno stanco di te.

Talvolta si usa la negazione del comparativo di uguaglianza **nicht so… wie**.

*Du hast **weniger** Geld **als** er.* Hai meno soldi di lui.

*Du hast **nicht so** viel Geld **wie** er.* Non hai tanti soldi quanti lui.

Comparativo	
uguaglianza	**so** + aggettivo/avverbio + **wie**
	so viel/viele + sostantivo + **wie**
maggioranza	aggettivo/avverbio (**-er**) + **als**
	mehr + aggettivo/avverbio + **als**
minoranza	**weniger** + aggettivo/avverbio + **als**
	nicht so + aggettivo/avverbio + **wie**

 Ergänze

1. Der Mann dort ist viel …… (alt) als mein Opa.
2. Dein Koffer ist nicht so schwer …… meiner.
3. Mein Flug war diesmal …… spät wie letzte Woche.
4. Dieses Buch ist viel …… (interessant) als das Fernsehen.
5. Anna, beeil dich, ich habe nicht … … viel Zeit wie du!
6. Euer Hund ist …… klein …… unserer.
7. Der Unterricht hat heute …… spät …… sonst angefangen.
8. Du bist …… traurig …… glücklich, nach Hause zu fahren.
9. Ina hat eine neue Jacke gekauft, die …… (schön) ist als die alte.
10. Nächste Woche werde ich weniger zu tun haben …… jetzt.
11. Montag war das Wetter nicht so kalt …… am Wochenende.

13.2.2 Il superlativo

Il **superlativo assoluto** si forma facendo precedere l'aggettivo o l'avverbio dall'avverbio *sehr*.

*Der Schokoladenkuchen der Oma schmeckt **sehr gut**.*
La torta di cioccolato della nonna è buonissima.

*Heute sind die Kinder **sehr glücklich**, weil die Schule aus ist.*
Oggi i bambini sono contentissimi, perché è finita la scuola.

Il **superlativo relativo dell'aggettivo** si forma aggiungendo al tema dell'aggettivo il suffisso **-st** oppure **-est** e facendolo precedere dall'articolo determinativo.

*Das ist der schwarz**este** Tee, den wir je getrunken haben.*
Questo è il te più nero che abbiamo mai bevuto.

Il partitivo italiano *di* in tedesco è espresso con ***von*** oppure ***unter***.

*Meine Freundin ist **die älteste von** den vier Geschwistern.*
La mia amica è la più vecchia di quattro sorelle.

*Dieses von Kafka ist **das interessanteste unter** deinen Büchern.*
Questo di Kafka è il più interessante dei tuoi libri.

*Ute war **die beste** Volleyballspielerin **unter** ihren Schulkameradinnen.*
Ute era la miglior giocatrice di pallavolo tra le sue compagne di classe.

*Sein Koffer ist **der schwerste unter** all den Koffern, die hier stehen.*
La sua valigia è la più pesante di quelle che sono qui.

*Meine Oma ist **die netteste** Oma **unter** denen die ich je gekannt habe.*
Mia nonna è la nonna più simpatica fra quelle che ho conosciuto.

Il **superlativo relativo dell'avverbio** si forma aggiungendo il suffisso **-sten** oppure **-esten** e premettendo la particella **am**.

Superlativo	
relativo	**der, die, das** + aggettivo (**-st/est**)+ **von/unter**
	am + avverbio (**-sten/esten**)
assoluto	**sehr** + aggettivo/avverbio

Forme irregolari di comparativo e superlativo				
presto	bald	**eher**	am ehesten	der eheste
volentieri	gern	**lieber**	am liebsten	der liebste
molto	viel	**mehr**	am meisten	der meiste
buono	gut	**besser**	am besten	der beste
alto	hoch	**höher**	am höchsten	der höchste
vicino	nah	**näher**	am nächsten	der nächste

 Ergänze

Hans möchte seinen Klassenkameraden Markus ärgern: "Du bist der .... (faul) Schüler der Klasse. Niemand kommt morgens ..... spät wie du. Doch obwohl du am .... (lange) schläfst, bist du ..... müde als munter. Deine Noten sind immer .... (schlecht) als die der anderen Schüler. Dafür bist du am .... (gut) im Abschreiben. Die Lehrer sagen, dass du am .... (gut) die Klasse wiederholst. .... (schlecht) als jetzt können deine Noten sowieso nicht mehr werden!" Aber Markus lässt sich nicht stören und antwortet ruhig: "Ja, du hast recht. Aber ich habe auch .... (viel) Zeit als alle anderen Schüler, um spazieren zu gehen!"

 Ergänze den Superlativ

Wir sind am häufigsten unterwegs. (häufig)

1. Dieser Berg ist der ..... (hoch).
2. Du bist am ..... (nett).
3. Er ist der ..... Spieler der Mannschaft (klein).
4. Es ist jetzt das ....., dass ihr ruhig bleibt (wichtig).
5. Am ..... esse ich Sauerkraut und Würstchen (gern).
6. Diese Aufgabe ist ..... (leicht).
7. ..... ist es, wenn du links abbiegst (nah).
8. Meine Schwester ist die ..... der Schwestern (lieb)!
9. Am ..... gehen wir Pizza essen (gut).
10. Wir laufen schnell zur ..... Bushaltestelle (nah).

! **der Norden/Süden/Westen/Osten**: nord, sud, ovest, est. I punti cardinali (*die Himmelsrichtungen*) sono tutti di genere maschile. Alcuni esempi: *das Fenster geht nach Westen*: la finestra dà verso occidente; *im Süden von Mailand*: a sud di Milano; *der Wind weht aus Norden*: il vento soffia dal nord; *der Ferne Osten*: Estremo Oriente; *der Mittlere Osten*: Asia meridionale; *der Nahe Osten*: Medio Oriente.

nördlich /südlich/westlich/östlich (agg./avv.) settentrionale, meridionale, occidentale, orientale/a nord, a sud, a ovest, a est.

riesengroß, kinderleicht, schneeweiß: grande come un gigante/grandissimo, facile anche per bambini/facilissimo, bianco come la neve/bianchissimo. Si tratta di aggettivi composti che esprimono in modo indiretto un superlativo assoluto.

der, die, das Allerschönste, Allergrößte: la/il più bella/o di tutti, la/il grande di tutti. *Aller-* è un prefisso che rafforza il superlativo assoluto e che può essere aggiunto alla maggior parte degli aggettivi.

liebste Mutter, herzlichste Grüße: carissima mamma, cordialissimi saluti. In tedesco alcune espressioni che in italiano si rendono con il superlativo assoluto sono espresse con il superlativo relativo.

14 GESCHÄFTSVERKEHR

14.1 La declinazione degli aggettivi (Deklination der Adjektive)

Ein Angebot

Herr Asnar: Hier ESTRELLA Versand Madrid. Asnar. Guten Tag.

Herr Bauer: Guten Tag, Herr Asnar. Hier Alf Bauer von der Lampenfabrik BLAULICHT in Bonn. Wir haben heute **Ihre detaillierte Anfrage** erhalten.

Herr Asnar: Gut! Können Sie denn **alle aufgezählten Artikeln** liefern?

Herr Bauer: Leider ist **die blaue Tischlampe** LERA nicht lieferbar. **Diesen spezifischen Artikel** produzieren wir seit einigen Monaten nicht mehr. Aber für **die grünen Stehlampen** gibt es kein Problem.

Herr Asnar: Ok. Bitte senden Sie uns **ein ausführliches Angebot** über die Stehlampen. Wie sieht es denn mit den Preisen aus? Gibt es inzwischen **interessante Neuigkeiten**?

Herr Bauer: Für Preise ab Fabrik können wir bei **der gewünschten Menge** 3% Skonto gewähren. Es ist **ein gutes Angebot**.

Herr Asnar: Ja, in der Tat. Können Sie uns auch **eine pünktliche Lieferung** garantieren?

Herr Bauer: **Auf jeden Fall**. Ich werde Ihnen schon morgen **unser schriftliches Angebot** mit **allen nötigen Details** von **meiner neuen Sekretärin** schicken lassen.

Herr Asnar: Vielen Dank. Auf Wiederhören.

der Versand -e: spedizione	*inzwischen*: nel frattempo
die Lampe -n: lampada	*die Neuigkeit -en*: novità
die Fabrik -en: fabbrica	*gewünscht*: desiderato
detailliert: dettagliato	*die Menge -n*: quantità
die Anfrage -n: richiesta	*der Skonto*: sconto, ribasso
erhalten: ottenere	*gewähren*: concedere
aufgezählt: elencato	*in der Tat*: in effetti
der Artikel -: articolo	*pünktlich*: puntuale
liefern: consegnare	*die Lieferung -en*: consegna
lieferbar: disponibile	*garantieren*: garantire
spezifisch: specifico	*der Fall ¨-e*: caso
produzieren: produrre	*schriftlich*: scritto
grün: verde	*die Sekretärin -nen*: segretaria
die Stehlampe -n: lampada a stelo	*nötig*: necessario
ausführlich: dettagliato	*das Detail -s*: dettaglio
das Angebot -e: offerta	*auf Wiederhören*: a risentirci
wie sieht es mit ... aus?: come stiamo a ...?	

L'aggettivo si comporta diversamente a seconda che sia aggettivo attributivo o aggettivo predicativo (vedi 8.3 e 8.4). L'aggettivo predicativo non si declina **mai**. Mentre l'aggettivo attributivo presenta **tre declinazioni** che si usano in casi specifici.

La **prima declinazione** ha la desinenza **-en**, tranne per le forme del nominativo sing., dell'accusativo sing. femminile e neutro, in cui la desinenza è '**-e**'.

La **prima declinazione** si usa nel caso in cui l'aggettivo sia preceduto:

- dall'articolo determinativo *der, die , das, die*;

    Die schwierige Englischprüfung wird vor Semesterende stattfinden.

    Il difficile esame di inglese si svolgerà prima della fine del semestre.

    Kannst du mir bitte die roten Schuhe ausborgen?

    Mi puoi per favore prestare le scarpe rosse?

- dagli aggettivi e pronomi dimostrativi *dieser, jeder, jener, solcher, welcher*;

    Welche elegante Bluse kann ich anziehen?

    Quale camicia elegante posso indossare?

- da *alle* (tutti) e *beide* (entrambi).

    Mein Vater streichelt allen netten Hunden den Kopf.

    Mio papà accarezza la testa a tutti i cani simpatici.

Prima declinazione dell'aggettivo			
	Singular		Plural
	Maskulin	**Feminin**	**Neutrum**	
Nominativ	der schön**e** Mann	die schön**e** Frau	das schön**e** Kind	die schön**en** Männer, Frauen, Kinder
Akkusativ	den schön**en** Mann	die schön**e** Frau	das schön**e** Kind	die schön**en** Männer, Frauen, Kinder
Dativ	dem schön**en** Mann	der schön**en** Frau	dem schön**en** Kind	den schön**en** Männer**n**, Frauen, Kinder**n**
Genitiv	des schön**en** Mannes	der schön**en** Frau	des schön**en** Kindes	der schön**en** Männer, Frauen, Kinder

Anche la **seconda declinazione** ha la desinenza **-en**. Sono differenti le desinenze del nominativo singolare maschile(**-er**), del nominativo e accusativo singolare femminile (**-e**) e di quello neutro (**-es**).

La **seconda declinazione** si usa quando l'aggettivo è preceduto:

- dall'articolo indeterminativo;

    Ich möchte meinem Nachbarn ein italienisches Essen zubereiten.

Vorrei preparare una cena italiana per il mio vicino di casa.

*Gestern bin ich fast von **einem roten** Auto überfahren worden.*

Ieri sono quasi stata investita da una macchina rossa.

- da aggettivi possessivi;

  ***Unser alter** Familienfreund kommt morgen zu Besuch.*

  Domani il nostro vecchio amico di famiglia verrà a trovarci.

- da *kein, keine, kein*.

  *In unserem Lieblingskino werden **keine schlechten** Filme gezeigt.*

  Nel nostro cinema preferito non vengono proiettati film scadenti.

  *Die Polizei bekam **keinen falschen** Hinweis.*

  La polizia non ricevette alcun indizio sbagliato.

Seconda declinazione dell'aggettivo			
	Singular		**Plural**
	Maskulin	**Feminin**	**Neutrum**	
Nominativ	ein schön**er** Mann	eine schön**e** Frau	ein schön**es** Kind	schön**en** Männer, Frauen, Kinder
Akkusativ	einen schön**en** Mann	eine schön**e** Frau	ein schön**es** Kind	schön**en** Männer, Frauen, Kinder
Dativ	einem schön**en** Mann	einer schön**en** Frau	einem schön**en** Kind	schön**en** Männer**n**, Frauen, Kinder**n**
Genitiv	eines schön**en** Mannes	einer schön**en** Frau	eines schön**en** Kindes	schön**en** Männer, Frauen, Kinder

La **terza declinazione** ha le stesse desinenze dell'articolo determinativo, tranne per la forma del genitivo sing. maschile e neutro che assumono la desinenza **-en**.

La **terza declinazione** dell'aggettivo si usa quando l'aggettivo è preceduto:

- da numeri cardinali;

  *Wir haben **zwei italienische** Bücher gekauft.*

  Abbiamo comprato due libri italiani.

- da indefiniti, quali *wenige, einige, andere, mehrere…*;

  *Dir fallen immer **viele gute** Ideen ein.*

  A te vengono in mente sempre tante buone idee.

- dal pronome relativo *dessen, deren, dessen*.

*Dein Nachbar, **dessen lauter** Wecker dich immer stört, zieht endlich aus.*

Il tuo vicino, la cui sveglia rumorosa ti disturba sempre, finalmente trasloca.

Anche quando l'aggettivo **non è preceduto da alcun articolo** si usa la terza declinazione.

***Italienischer** Wein schmeckt wunderbar, aber **deutsches** Bier auch.*

Il vino italiano è ottimo, ma anche la birra tedesca.

Terza declinazione dell'aggettivo				
	Singular			Plural
	Maskulin	**Feminin**	**Neutrum**	
Nominativ	schöner Mann	schöne Frau	schönes Kind	schöne Männer, Frauen, Kinder
Akkusativ	schönen Mann	schöne Frau	schönes Kind	schöne Männer, Frauen, Kinder
Dativ	schönem Mann	schöner Frau	schönem Kind	schönen Männern, Frauen, Kindern
Genitiv	schönen Mannes	schöner Frau	schönen Kindes	schöner Männer, Frauen, Kinder

Ergänze die Adjektive

1. Dieses .... (schön) Geschenk ist für Dich.
2. Vor .... (groß) Tieren habe ich Angst.
3. Bringt alle .... (grün) Bälle hierher.
4. Das ist wirklich nur ein .... (klein) Fehler.
5. Kannst Du mir den .... (lang) Bleistift geben?
6. Nachher zeige ich Dir einen .... (schön) Film.

14.2 Liegen/legen, stehen/stellen, setzen/sitzen

Zurück nach Madrid

Blanca sucht eine Tischlampe für ihre Schwester Teresa, die bald Geburtstag hat.

Blanca: Guten Tag, ich suche eine Tischlampe von der Firma *Blaulicht*.

Herr Bauer: Auf diesem Schreibtisch in der Ecke **steht** eine rote Tischlampe von *Blaulicht*; was halten Sie davon?

Blanca: Die Farbe ist nett, aber die Lampe ist zu klein. Meine Schwester Teresa **sitzt** oft abends am Schreibtisch und malt; sie braucht deswegen mehr Licht.

Herr Bauer:	Ich verstehe. Wo **steht** der Schreibtisch? In einer Ecke oder mitten im Zimmer? Wir haben nämlich auch Stehlampen; sie machen ein angenehmes, starkes Licht.		
Blanca:	Nein danke. Teresa **liegt** oft im Bett und liest; ich brauche deswegen eine kleinere Lampe.		
Herr Bauer:	Nicht zu groß, nicht zu klein… schwierig. Und wie wär's mit einer Deckenlampe? Da oben **hängen** sehr moderne!		
Blanca:	Im Zimmer **hängt** schon eine Deckenlampe… aber ich möchte eine Lampe schenken, die man auf den Tisch **stellen** kann!		
Herr Bauer:	Ich hab's! Wir verkaufen kleine *Klapplampen*; sie sehen gut aus und Sie können entscheiden wo Sie sie **hinstellen**! Meine Frau **stellt** sie auf den Nachttisch, **setzt** sie in jedes Zimmer der Wohnung und **hängt** sie zur Not auch an die Wand.		

Blanca hat den Eindruck, dass der Verkäufer sich über sie lustig macht. Sie überlegt, dass sie die Lampe lieber woanders kauft.

die Ecke -n: angolo
der Schreibtisch -e: scrivania
was halten Sie davon: cosa
gliene pare?
angenehm: piacevole
die Decke -n: soffitto
ich hab's!: ci sono!

die Klapplampe -n: lampada pieghevole
der Nachttisch -e: comodino
zur Not: in caso di necessità
sich lustig machen: schernire
der Eindruck ¨-e: impressione
woanders: altrove

La tabella seguente mostra la declinazione dei verbi *legen/liegen*, *stellen/stehen*, *setzen/sitzen*, *hängen/hängen*, con le forme al preterito e al passato prossimo (ausiliare *haben* + participio). Attenzione a non confondere le forme del passato nei verbi transitivi e intransitivi, talvolta molto simili.

Verbi deboli transitivi		Verbi forti intransitivi	
Moto a luogo		Stato in luogo	
legen legte gelegt	mettere (in orizzontale)	**liegen** lag gelegen	giacere
stellen stellte gestellt	mettere (in verticale)	**stehen** stand gestanden	stare in verticale
setzen setzte gesetzt	sedersi	**sitzen** saß gesessen	essere seduti
hängen hängte gehängt	appendere	**hängen** hang gehangen	essere appesi

I verbi deboli e transitivi esprimono sempre un movimento. I verbi forti intransitivi esprimono invece uno stato in luogo. I verbi deboli **transitivi** reggono l'**accusativo**, mentre i verbi forti **intransitivi** reggono il **dativo**.

*Er **legt** das Buch auf **den** Tisch. Das Buch **liegt** auf **dem** Tisch.*
Egli pone il libro sul tavolo. Il libro è sul tavolo.

*Sie **stellt** das Glas auf **das** Regal. Das Glas **steht** auf **dem** Regal.*
Lei pone il bicchiere sullo scaffale. Il bicchiere è sullo scaffale.

*Ich **setzte** mich auf **den** Stuhl. Ich **sitze** auf **dem** Stuhl.*
Io mi siedo sulla seggiola. Io sono seduta sulla seggiola.

*Ihr **hängt** das Bild an **die** Wand.Das Bild **hängt** an **der** Wand.*
Appendete il quadro alla parete. Il quadro è appeso alla parete.

 Ergänze

1. Du …… den Brief auf …… Schreibtisch.
2. Die Vase …… auf …… Boden.
3. Wir …… unsere Mäntel an …… Haken.
4. Sie …… sich auf den Stuhl.
5. Sie …… sich auf den Stuhl …… .
6. Sie …… auf dem Stuhl …… .
7. Du …… den Brief auf …… Schreibtisch …… .
8. Die Mäntel …… an …… Haken …… .

14.2.1 Verbi con preposizioni (Verben mit Präpositionen)

Werbung

Messe Bauer & Co. ist ein *full service* Unternehmen für kreativen und individuellen Messebau und Ausstellungsbau. Wir wickeln weltweit Messen und Ausstellungen ab. Zur Planung und Entwicklung der Messestände benutzen wir modernstes *Equipement*. Jeder Messestand wird sorgfältig geplant; für jeden Messestand wird ein individuelles Lichtkonzept ausgearbeitet. Überzeugen Sie sich von der Leistungsfähigkeit von *Messe Bauer & Co.* Wir sind auf vielen Leitmessen wie der *Collections Premieren* in Düsseldorf, der *Herrenmodewoche HMW* in Köln, der *Cebit* und *Cebit Home* in Hannover, der *Systems* in München, der *IAA* in Frankfurt, und auf vielen anderen Messen und Ausstellungen vertreten.

Auf der Messe

Karola studiert Sprachen in Mainz. Sie hat vor kurzem einen Job erhalten: sie wird **für die** Firma Bauer auf einer Messe in Italien **arbeiten**. Die Messe heißt *Casa Moderna*, und ist eine Ausstellung von Möbeln, Hauswaren und Designobjekten. Karola wird am Stand stehen und die Produkte der Firma potentiellen Kunden und Besuchern zeigen.

Heute Morgen **wartet** Karola vor ihrem Hotel **auf ihre** italienische **Kollegin**. Die Mädchen **unterhalten sich** im Bus über die Messe: sie **machen sich Sorgen**

über den langen **Arbeitstag**. Sie kommen endlich auf das Messegelände, grüßen ihren Chef und **fangen** gleich darauf **mit** der Arbeit **an**. Sie **unterhalten sich mit den Kunden, telefonieren mit dem Informationsbüro, sprechen mit dem Chef**, wenn etwas nicht klappt. Um halb sieben **verabschiedet sich** Karola **von ihrer Kollegin** und von ihrem Chef. Sie **wundert sich**, dass beim Arbeiten die Zeit so schnell vergangen ist. Sie **freut sich über ihren ersten Arbeitstag**, aber **sie freut sich auch auf den Abend,** weil sie sich endlich ausruhen wird.

die Werbung -en: pubblicità	*vor kurzem*: da poco
das Unternehmen -: impresa	*das Möbel -*: mobile
der Bau -s: allestimento	*das Designobjekt -e*: oggetto di design
die Messe -n: fiera	*potentiell*: potenziale
die Ausstellung -en: esposizione	*der Besucher -*: visitatore
abwickeln: svolgere	*sich unterhalten*: chiacchierare
die Entwicklung -en: sviluppo	*sich Sorgen machen*: preoccuparsi
weltweit: in tutto il mondo	*das Messegelände*: zona fieristica
die Planung -en: pianificazione	*der Chef -s*: capo
der Messestand ¨-e: stand	*gleich darauf*: subito dopo
sorgfältig: accuratamente	*klappen (coll.)*: funzionare bene
das Lichtkonzept -e: piano d'illuminazione	*der Arbeitstag -e*: giorno lavorativo
ausarbeiten: redigere	*vergehen*: trascorrere
die Leistungsfähigkeit -en: efficienza	*sich verabschieden*: accomiatarsi
vertreten: rappresentare	*sich ausruhen*: riposarsi

Nella tabella seguente sono illustrati i principali verbi con la realtiva preposizione: spesso si costruiscono in maniera opposta rispetto all'equivalente forma italiana.

Verbi con preposizioni (A= Akkusativ; D= Dativ)			
sich verlieben in + A	sich ärgern über + A	bestehen auf + D	vorbeigehen + an D
arbeiten für + A	sich unterhalten über + A	danken + D für + A	leiden + unter D
bitten + A für + A	sich freuen auf + A	anfangen mit + D	leiden + an D
sich aufregen über + A	sich freuen über + A	sich verabreden mit + D	teilnehmen an + D
sich wundern über + A	denken an + A	telefonieren mit + D	sich fürchten vor + D

Ergänze

1. Gestern habe ich den ganzen Tag an ..... (du) gedacht.
2. Sie haben sich über ..... (er) unterhalten.
3. Sie hat sich in ..... (der Mann aus dem Café) verliebt.
4. Er hat große Angst vor ..... (kleine Hunde).
5. Ich möchte mich mit ..... (sie) verabreden.
6. Ich danke ..... (du) für ..... (schöne Blumen).
7. Heute bin ich an ..... (der Dom) vorbeigegangen.
8. Sie nimmt an ..... (der Kochkurs) teil.
9. Ich muss jetzt wirklich mit ..... (die Hausaufgaben) anfangen.
10. Sie hat sich sehr über ..... (das seltsame Geschenk) gewundert.

---

liegenbleiben: rimanere disteso. *Er bleibt noch eine Weile liegen. Ich möchte gerne länger im Bett liegenbleiben.*

liegenlassen: dimenticare, lasciare, abbandonare. *Pass auf, dass du deine Tasche nicht mehr liegenlässt!* ma **liegen lassen**: lasciare qualcuno/qualcosa per terra. *Er ist so dumm, dass er den verwundeten Spieler einfach dort liegen lässt und unbekümmert weiterspielt. Das Kind hat den Stein gleich liegen lassen.*

links liegenlassen: lasciare una persona, con cui si ha un legame affettivo. *Er hat seinen Freund einfach links liegenlassen.*

Literatur für Kinder

Seit Anna Mitschek, das deutsche Umsiedlermädchen aus Polen, zu Beginn des vierten Schuljahres in die Klasse kam, geht sie Ben nicht mehr aus dem Kopf. Er möchte eigentlich nicht an sie denken, denn erstens durchkreuzt sie immer wieder seine Gedanken, wenn er mit den Schulaufgaben loslegen will, und zweitens findet er, daß sie gar nicht zu den anderen paßt. Anna ist dünn, blass. Außerdem wurmt es ihn, daß sie keine Notiz von ihm nimmt. Aber dann erwischt er sie doch einmal auf dem Heimweg. Anna erzählt ihm von Polen, ihrer großen Familie, von der Arbeitslosigkeit des Vaters und, damit er sich alles besser

Ben liebt Anna
von Peter Härtling

vorstellen kann, nimmt sie ihn gleich mit nach Hause. Allerdings ist es gemein, dass sie beim Fußballspiel über ihn lacht, denn: Ben mag sie, mag sie so sehr, dass es schließlich in großen Buchstaben an der Tafel prangt: Ben liebt Anna.

Rezension aus: Der Tagesspiegel

Peter Härtling erzählt den Kindern, warum er die Geschichte von Anna und Ben geschrieben hat:

Ich will bloß mit ein paar Sätzen erklären, warum ich die Geschichte von Benjamin Körbel und Anna Mitschek erzähle.

Manchmal sagen Erwachsene zu Kindern: 'Ihr könnt doch gar nicht wissen, was Liebe ist. Das weiß man erst, wenn man groß ist.' Dann haben die Älteren eine Menge vergessen, wollen mit euch nicht reden oder stellen sich dumm. Ich erinnere mich gut, wie ich mit sieben Jahren zum ersten Mal verliebt war. Das Mädchen hieß Ulla. Es ist nicht die Anna in diesem Buch. Aber wenn ich von Anna erzähle, denke ich an Ulla. Ben hat Anna eine Weile sehr lieb gehabt. Und Anna Ben.

der Umsiedler: emigrato
nicht aus dem Kopf gehen: avere un pensiero fisso
durchkreuzen: attraversare
der Gedanke -n: pensiero
losgehen: iniziare
blass: pallido
es wurmt ihn (coll.): gli rode
von jdm Notiz nehmen:
prestare attenzione a…
erwischen: (coll.) acchiappare
der Heimweg -e: strada di casa
die Arbeitslosigkeit: disoccupazione
sich vorstellen: immaginarsi

mitnehmen: portare con sé
allerdings: tuttavia
gemein: meschino, cattivo
mögen (er mag): piacere
der Buchstabe -n: lettera alfabetica
die Tafel -n: lavagna/tavola
prangen: spiccare, risaltare
bloß, erst: solamente
eine Menge: (coll. 'un sacco')
sich dumm stellen: fare lo 'gnorri'
verliebt sein : essere innamorati
eine Weile: un periodo
lieb haben: volere bene

Il congiuntivo I e il discorso indiretto (Der Konjunktiv I und die indirekte Rede)

Il congiuntivo viene utilizzato raramente nella lingua parlata; ricorre invece piuttosto di frequente in testi di prosa o in poesia. L'uso principale che se ne fa quotidianamente riguarda il discorso indiretto (*indirekte Rede*), cioè quella forma espressiva che riferisce ciò che è stato detto, scritto o pensato.

Il **Konjunktiv I** si forma aggiungendo al tema del verbo le desinenze **-e, -est, -e, -et, -e, -en,** con eccezione della prima e terza persona di *sein*.

	fragen	nehmen	haben	sein	sollen	werden
ich	frag-**e**	nehm-**e**	hab-**e**	**sei**	soll-**e**	werd-**e**
du	frag-**est**	nehm-**est**	hab-**est**	sei-**est**	soll-**est**	werd-**est**
er/sie/es	frag-**e**	nehm-**e**	hab-**e**	**sei**	soll-**e**	werd-**e**
wir	frag-**en**	nehm-**en**	hab-**en**	sei-**en**	soll-**en**	werd-**en**
ihr	frag-**et**	nehm-**et**	hab-**et**	sei-**et**	soll-**et**	werd-**et**
sie	frag-**en**	nehm-**en**	hab-**en**	sei-**en**	soll-**en**	werd-**en**

*Peter sagte: "Ich habe Hunger". Peter sagte, er **habe** Hunger.*[1]

*Ihr denkt: "Wir wollen Kaffee trinken". Ihr denkt, ihr **wollet** Kaffee trinken.*

*Wir entschieden: "Es gibt eine Party!" Wir entschieden, es **gebe** eine Party.*

Il **passato** del *Konjunktiv I* traduce tutte le forme passate dell'indicativo; si forma con il congiuntivo dell'ausiliare e il participio passato del verbo.

*Er sagt: "Ich bin in Urlaub gefahren". Er sagt, er **sei** in Urlaub **gefahren**.*

*Sie erzählt: "Ich hatte Fieber". Sie erzählt, sie **habe** Fieber **gehabt**.*

Il **futuro** viene invece formato con *werden* e l'infinito del verbo.

*Er erzählte uns, er **werde** eine Diät **machen**.*

*Sie träumt, sie **werde** morgen Glück **haben**.*

L'**imperativo** viene reso con il verbo *sollen*.

*Er sagte: "Fahr langsam!" Er sagte, sie **solle** langsam **fahren**.*

Attenzione. Se le forme del *Konjunktiv I* coincidono con l'indicativo, si ricorre al congiuntivo II (si veda 15.2), come nell'esempio.

*Er meint: "Ich **frage** zu viel" Er meint, ich **frage** zu viel. -> Er meint, ich würde zu viel fragen.*

Nel seguito sono presentate alcune semplici regole per utilizzare il **discorso indiretto** *(indirekte Rede)* in maniera corretta:

---

[1] Il tempo del discorso indiretto segue quello del discorso diretto e **non** dipende dalla proposizione principale.

- il discorso indiretto può essere espresso con o senza la congiunzione *dass*; nel secondo caso viene utilizzata l'inversione;

    *Er sagt: "Ich bin müde". Er sagt, er **sei** müde. Er sagt, **dass** er müde **sei**.*

- i **pronomi personali** e gli **aggettivi possessivi** vanno adattati al discorso indiretto, tenendo conto della persona cui fanno riferimento;

    *Helga dachte: "**Mein** Bruder kommt **mich** nicht mehr besuchen".*

    *Helga dachte, **ihr** Bruder komme **sie** nicht mehr besuchen".*

- lo stesso vale per gli **avverbi di tempo e di luogo**;

    *Er sagte: "Ich werde **heute hier** bleiben". Er sagte, er werde **an dem Tag** **dort** bleiben.*

- nel caso in cui nel discorso diretto sia già presente il *Konjunktiv II*, esso resta immodificato (per le forme del *Konjunktiv II* cfr. pagg. seguenti).

    *Sie sagte: "Ich **wäre** gerne in Italien". Sie sagte, sie **wäre** gerne in Italien.*

Setze in den *Konjunktiv I*

Erik sagt dem Chef: "Ich bin müde". Erik sagt dem Chef, er **sei** müde.

Hans behauptete: "Herr Maier benimmt sich nicht gut".

Frau Braun meint: "Mein Mann hat seine Arbeit gewechselt".

Vater sagt den Kindern: "Geht sofort ins Bett".

Wir fragen den Polizisten: "Wo befindet sich die Post?"

Ben ruft: "Ich kann es nicht mehr ertragen".

Karola erzählt: "Ich werde morgen schon in Mailand sein".

Proviamo a **tradurre il discorso diretto** dell'intervista di P. Härtling presentata a pagina page 120. **Sottolinea le parole** che sono state modificate per costruire il discorso indiretto secondo le regole illustrate sopra.

z.B. **Peter Härtling erzählt den Kindern, er <u>wolle</u> bloß usw.**

Peter Härtling erzählt den Kindern, er wolle bloß mit ein paar Sätzen erklären, warum er die Geschichte von Benjamin Körbel und Anna Mitschek erzählt habe. Manchmal sagten Erwachsene zu Kindern, sie könnten doch gar nicht wissen, was Liebe sei. Das wisse man erst, wenn man groß sei. Dann hätten die Älteren eine Menge vergessen, wollten mit ihnen nicht reden oder stellten sich dumm.

Härtling sagt, er erinnere sich gut, wie er mit sieben Jahren zum ersten Mal verliebt gewesen sei. Das Mädchen habe Ulla geheißen. Es sei nicht die Anna in seinem Buch. Aber wenn der Autor von Anna erzähle, denke er an Ulla. Ben habe Anna eine Weile sehr lieb gehabt. Und Anna Ben.

15.2 Il congiuntivo II (Der Konjunktiv II)

Franz Kafka, 1903

Ich glaube, man **sollte** überhaupt nur solche Bücher lesen, die einen beißen und stechen. Wenn das Buch, das wir lesen, uns nicht mit einem Faustschlag auf den Schädel weckt, wozu lesen wir dann das Buch? Damit es uns glücklich macht, wie du schreibst? Mein Gott, glücklich **wären** wir eben auch, wenn wir keine Bücher **hätten**, und solche Bücher, die uns glücklich machen, **könnten** wir zur Not selber schreiben. Wir brauchen aber die Bücher, die auf uns wirken wie ein Unglück, das uns sehr schmerzt, wie der Tod eines, den wir lieber **hätten** als uns, wie wenn wir in Wälder verstoßen **würden**, von allen Menschen weg, wie ein Selbstmord, ein Buch muss die Axt sein für das gefrorene Meer in uns. Das glaube ich. *Aus einem Brief an Oskar Pollak*

überhaupt: assolutamente, in genere	*zur Not:* all'occorrenza
beißen: mordere, (qui: irritare), mettere in discussione	*wirken:* agire, operare
	das Unglück: sfortuna, sciagura
stechen: pungere, pungolare	*schmerzen:* dolere
der Faustschlag ¨-e: pugno	*der Wald ¨-er:* bosco
der Schädel -: testa, cranio	*verstoßen:* cacciare, ripudiare
wecken: destare	*der Selbstmord -e:* suicidio
glücklich: felice	*die Axt ¨-e:* ascia
eben: appunto, ebbene	*gefroren:* gelato

Johann Wolfgang von Goethe, 1773

Was **wär** ich
Ohne dich,
Freund Publikum!
All mein Empfinden Selbstgespräch,
All meine Freude stumm.[1]

Cosa sarei io	Tutto il mio sentire un soliloquio
Senza di te	Tutta la mia gioia muta
Amico pubblico!	

Il **congiuntivo II** traduce il **congiuntivo imperfetto** e **condizionale** italiano.

In generale, il congiuntivo II si utilizza per esprimere:

- **desideri** o **richieste**; è introdotto da *wenn* o da un'inversione iniziale;

  Wenn er hier **wäre**! – **Wäre** er hier!

  Wenn sie mehr Zeit **hätten**! **Hätten** sie mehr Zeit!

- il periodo **ipotetico**;

  Wenn du **fragtest**, **könnte** ich dir helfen.

  Wäre ich reich, **würde** ich eine Weltreise **machen**.

- il **condizionale** presente italiano (anche *würde* + Inf.);

---

[1] Nella poesia di Goethe, l'unico verbo presente è "wär", dal quale dipendono tutti i versi seguenti. Il congiuntivo II è una forma piuttosto complessa, spesso utilizzata in testi letterari prosastici o poetici.

*Ich **würde** gerne nach Rom **fahren**. Vorrei andare a Roma.*

*Ich **möchte** gerne ein Eis. Prenderei un gelato.*

- il congiuntivo II si utilizza anche dopo l'avverbio **sonst**.

  *Ich bin krank, **sonst käme** ich mit.*

  *Wir haben viel zu tun, **sonst wäre** ich schon im Bett.*

Per quanto concerne la formazione del **congiuntivo**:

- nei verbi forti (**schwache Verben**) la forma del Konjunktiv II al **presente** è **uguale** alla forma dell'**indicativo preterito**, o si usa la forma sostitutiva con *würden* + infinito.

- nei **verbi forti**, invece, alla forma dell'indicativo **preterito** si aggiungono le desinenze (**e, est, e, en, et, en**); i verbi con le vocali **a, o, u** nel tema aggiungono anche l'*Umlaut*.

Verbi forti (starke Verben)			
	Indicativo preterito	Congiuntivo presente	Indicativo preterito	Congiuntivo preterito
ich	ging	ging-e	kam	käm-e
du	gingst	ging-est	kamst	käm-est
er/sie/es	ging	ging-e	kam	käm-e
wir	gingen	ging-en	kamen	käm-en
ihr	gingt	ging-et	kamt	käm-et
sie	gingen	ging-en	kamen	käm-en

L'*Umlaut* si aggiunge anche per la formazione del congiuntivo di:

- verbi modali, esclusi *sollen* e *wollen*;

  ich müsste, ich dürfte usw.

- verbi *wissen* e *brauchen*;

  ich wüsste, ich bräuchte

- ausiliari *haben*, *sein* e *werden*.

  ich hätte, ich wäre, ich würde

Attenzione. Nel caso in cui la forma del congiuntivo coincida con il preterito, si utilizza una forma sostitutiva costituita da congiuntivo II di **werden** + **infinito**.

*ich fragte – ich **würde fragen** ich machte – ich **würde machen***

*wir gingen – sie **würden gehen** sie liefen – sie **würden laufen***

Spesso nel linguaggio parlato, per comodità, si utilizza la forma composta con *würde* per esprimere il *Konjunktiv II*, anche quando la forma di questo non equivale all'indicativo.

*Ich **hätte** gerne einen Freund. oder Ich **würde** gerne einen Freund **haben**.*

*Er schliefe lieber was länger. oder Er **würde** lieber was länger **schlafen**.*

Il congiuntivo passato si forma unendo al congiuntivo presente dei verbi essere e avere il participio passato del verbo.

| presente di haben/sein | + **participio passato** del verbo |

*Ich **hätte** das nie **gedacht**.* Non ci avrei mai pensato.

*Ich **wäre** nie allein drauf **gekommen**.* Da solo non ci sarei mai arrivato/a.

Il congiuntivo II dei **verbi modali** si forma mediante il doppio infinito.

*Ich **hätte** gestern in Urlaub **fahren können**.*

*Peter **hätte** im Mai nach Frankfurt **fliegen sollen**.*

Il congiuntivo II del **passivo** è regolare.

*Wenn mir von jemandem **geholfen würde**!*

***Wäre** mir von jemandem **geholfen worden**!*

Setze in den *Konjunktiv II*

Ich **habe** keine Zeit. Ich **mache** keine Ferien.

Wenn ich Zeit **hätte**, **würde** ich Ferien **machen**.

Ich bin nicht gesund. Ich kann nicht kommen.

Er kann nicht schwimmen. Er fährt nicht ans Meer.

Wir haben uns nicht gesehen. Wir haben nicht gesprochen.

Ina ist nicht alt genug. Sie wird es nicht verstehen.

Es ist nicht gefährlich. Du brauchst keine Angst zu haben.

Benutze den *Konjunktiv II*

Ich esse gern ein Eis. Ich **äße** gern ein Eis.

Sie **kommt** etwas später.

Er **darf** mit uns ins Kino kommen.

Sie **gehen** gerne hin.

Sie **haben** genug **gewartet**.

Ich **bin** heute schon lange **gelaufen**.

Ich **werde** jetzt nach Hause gehen.

Ich **bleibe** gern noch ein wenig.

Wir **machen** nun eine Pause.

Wir **haben** genug gearbeitet.

15.3 La proposizione condizionale e il periodo ipotetico (Der Bedingungssatz)

Wenn jeder eine Blume pflanzte

Wenn jeder eine Blume **pflanzte**,[1]

jeder Mensch auf dieser Welt,

und, anstatt zu schießen **tanzte**

und mit Lächeln **zahlte** statt mit Geld-

wenn ein jeder einen andern **wärmte**,

---

[1] Beachte, wie der Konjunktiv II im Gedicht oft unregelmäßig benutzt wird.

keiner mehr von dieser Stärke **schwärmte**,

keiner mehr den andern **schlüge**,

keiner sich **verstrickte** in der Lüge

wenn die Alten wie die Kinder **würden**,

sie sich **teilten** in den Bürden,

wenn dies WENN sich leben **ließ**,

wär's noch lang kein Paradies-

bloß die Menschenzeit **hätt'** angefangen,

die in Streit und Krieg uns beinahe ist vergangen.

pflanzen: piantare	*sich teilen*: dividersi
tanzen: ballare	*die Bürde -n*: fardello
das Lächeln -: sorriso	*das Paradies -e*: paradiso
wärmen: scaldare	*die Menschenzeit -en*: era umana
die Stärke -n: forza	*der Streit -e*: litigio
schwärmen: appassionarsi	*beinahe*: quasi
verstricken: invischiarsi	*vergehen*: trascorrere
die Lüge -n: menzogna	

La **proposizione condizionale**, che in italiano è introdotta con le congiunzioni 'se, nel caso di, qualora, nell'eventualità in cui ', si traduce in tedesco con *wenn* o *falls*.

• Se la proposizione esprime una condizione ritenuta reale, si utilizza l'indicativo.

*Wenn er **kommt**, **können** wir zusammen **essen gehen**.*

• Se esprime una condizione ritenuta possibile, si utilizza il *Konjunktiv II* presente.

*Wenn er **käme**, **könnten** wir zusammen **essen gehen**.*

• Se la condizione riguarda una dimensione irreale, si usa il *Konjunktiv II* passato.

*Wenn er **gekommen wäre**, **hätten** wir zusammen **essen gehen können**.*

La subordinata condizionale insieme alla sua reggente forma il **periodo ipotetico**, cioè un'unità logica, fondata su un'ipotesi, dal cui verificarsi o meno potrebbe derivare una conseguenza.

Nelle proposizioni interrogative indirette, 'se' si traduce con *ob* (cfr. §11.3).

*Ich weiss nicht, **ob** er kommt. **Ob** er gefahren ist, das wissen wir nicht.*

☞ **Bilde reale und irreale Bedingungssätze mit *wenn* oder *falls*.**

Ich **habe** kein Geld. Ich **mache** keine Ferien.

Falls ich Geld **habe, mache** ich Ferien. **Wenn** ich Geld **gehabt hätte, hätte** ich Ferien **gemacht**.

Du **bist** nicht geduldig. Du **kannst** nicht **warten**.

Wir **haben** uns nicht **vertragen**. Wir **haben** nicht miteinander **geredet**.

16 APPENDICE

16.1 I principali verbi irregolari

Di seguito sono elencati in ordine alfabetico i verbi irregolari più frequenti con l'indicazione, nell'ultima colonna, dei casi che li accompagnano.

Infinito	III per. sing. presente	III per. sing. preterito	III per. sing. perfetto	Uso
backen	er bäckt	backte	hat gebacken	A
beginnen	er beginnt	begann	hat begonnen	A
biegen	er biegt	bog	hat gebogen	A
bieten	er bietet	bot	hat geboten	D-A
binden	er bindet	band	hat gebunden	A
bitten	er bittet	bat	hat gebeten	A
bleiben	er bleibt	blieb	ist geblieben	-
brechen	er bricht	brach	ist/hat gebrochen	A
brennen	er brennt	brannte	hat gebrannt	-
bringen	er bringt	brachte	hat gebracht	D-A
denken	er denkt	dachte	hat gedacht	-
dürfen	er darf	durfte	hat gedurft	-
empfehlen	er empfiehlt	empfahl	hat empfohlen	D
essen	er isst	aß	hat gegessen	A
fahren	er fährt	fuhr	ist/hat gefahren	(A)
fallen	er fällt	fiel	ist gefallen	-
fangen	er fängt	fing	hat gefangen	A
finden	er findet	fand	hat gefunden	A
fliegen	er fliegt	flog	ist/hat geflogen	(A)
fließen	er fliesst	floß	ist geflossen	-
frieren	er friert	fror	gefroren	-
geben	er gibt	gab	hat gegeben	D A
gehen	er geht	ging	ist gegangen	-
gelingen	es gelingt	gelang	ist gelungen	D
geschehen	es geschieht	geschah	ist geschehen	-
gewinnen	er gewinnt	gewann	hat gewonnen	(A)
greifen	er greift	griff	hat gegriffen	(A)
haben	er hat	hatte	hat gehabt	A
hängen	er hängt	er hing	hat gehangen	-
heißen	er heißt	hieß	hat geheißen	-
helfen	er hilft	half	hat geholfen	D
kennen	er kennt	kannte	gekannt	A
klinegn	er klingt	klang	hat geklungen	-
kommen	er kommt	kam	ist gekommen	-
können	er kann	konnte	hat gekonnt	-
laden	er lädt	lud	geladen	A

Infinito	III per. sing. presente	III per. sing. preterito	III per. sing. perfetto	Uso
lassen	er lässt	ließ	hat gelassen	A
laufen	er läuft	lief	ist gelaufen	-
leiden	er leidet	litt	hat gelitten	-
lesen	er liest	las	hat gelesen	A
liegen	er liegt	lag	hat gelegen	-
müssen	er muss	musste	hat gemusst	-
nehmen	er nimmt	nahm	hat genommen	D-A
nennen	er nennt	nannte	hat genannt	A-A
rennen	er rennt	rannte	ist gerannt	-
rufen	er ruft	rief	hat gerufen	A
schlafen	er schläft	schlief	hat geschlafen	-
schließen	er schließt	schloss	hat geschlossen	A
sehen	er sieht	sah	hat gesehen	A
sein	er ist	war	ist gewesen	N
sitzen	er sitzt	saß	hat gesessen	-
sprechen	er spricht	sprach	hat gesprochen	A
stehen	er steht	stand	hat gestanden	-
steigen	er steigt	stieg	ist gestiegen	-
sterben	er stirbt	starb	ist gestorben	-
tragen	er trägt	trug	hat getragen	A
treffen	er trifft	traf	hat getroffen	A
trinken	er trinkt	trank	hat getrunken	A
tun	er tut	tat	hat getan	A
wachsen	er wächst	wuchs	ist gewachsen	-
waschen	er wäscht	wusch	hat gewaschen	A
werden	er wird	wurde	ist geworden	N
werfen	er wirft	warf	hat geworfen	A
wiegen	er wiegt	wog	hat gewogen	A
wissen	er weiß	wußte	hat gewußt	A
wollen	er will	wollte	hat gewollt	A
ziehen	er zieht	zog	ist/hat gezogen	A

16.2 Sitografia

Di seguito sono elencati quattro siti utili per lo studio e l'approfondimento della grammatica tedesca.

www.duden.de: punto di riferimento per gli stessi madrilingui tedeschi, questo sito contiene definizioni grammaticali, lessicali, spiegazioni sull'ortografia e la pronuncia, esercizi online.

www.deutschlern.net: offre esercizi per tutti i livelli di preparazione, anche di comprensione orale.

www.dw.de/deutsch-lernen/s-2055: offre un ripasso delle regole per livello di difficoltà ed esercizi di ascolto anche per principianti.

www.goethe.de: sito ricco di testi, esercizi online, filmati, podcast per tutti i livelli di studio.